Eine Welt

2025

Name ....

Vorname ....

Straße ....

Ort ....

Telefon ....

E-Mail ....

Unter Mitarbeit und mit Beiträgen von:

Kristina Balbach, München
Richard Blane, Kenia
Esteve Franquesa, Berlin
Gesell. f. bedrohte Völker, Göttingen
Karin Grunewald, Rösrath
Jana Julia Harms, Ulm
Kathrin Harms, Berlin
Volker Harms, Lindhöft
Philipp Hedemann, Berlin.
Satendra Kumar, Zürich
Annalisa Lombardo, Haiti
Bernd Ludermann, Frankfurt
Gerhard Mester, Wiesbaden
missio magazin, München
Welthungerhilfe Magazin, Bonn
Sithav Phouv, Ratanakiri
Liane Pielke-Harms, Lindhöft
Publik-Forum, Oberursel
Laura Salm-Reifferscheidt, Wien
Christian Selbherr, München
Für Vielfalt, Göttingen
Welthungerhilfe, Bonn
welt-sichten, Frankfurt
Jean Ziegler, Russin

Umschlag: Kathrin Harms

Produktinformation:

Der Text ist auf Recyclingpapier gedruckt, das zu 100 Prozent aus Altpapier hergestellt wurde und mit dem blauen Engel ausgezeichnet wurde.

Die Druckfarben (Ökoplus-Serie der Firma Epple) wurden auf pflanzlicher Basis hergestellt.

Der Umschlag ist mit einer umweltfreundlichen Schutzfolie aus Polyethylen überzogen, die keine Chloratome enthält und deshalb beim eventuellen Verbrennen keine Dioxine entstehen lässt.

Druck: AZ Druck und Datentechnik GmbH, Kempten

Zuschriften, Anregungen und Kritik für den Kalender *Eine Welt 2026* bitte bis zum 30.4.2025 an info@harms-verlag.de
Internet: www.harms-verlag.de; E-Mail: info@harms-verlag.de

ISBN 978-3-86026-315-0

Inhaltsverzeichnis

Kalender 2024

Januar

Mo	1	8	15	22	29
Di	2	9	16	23	30
Mi	3	10	17	24	31
Do	4	11	18	25	
Fr	5	12	19	26	
Sa	6	13	20	27	
So	7	14	21	28	
Wo	01	02	03	04	05

Februar

Mo		5	12	19	26
Di		6	13	20	27
Mi		7	14	21	28
Do	1	8	15	22	29
Fr	2	9	16	23	
Sa	3	10	17	24	
So	4	11	18	25	
Wo	05	06	07	08	09

März

Mo		4	11	18	25
Di		5	12	19	26
Mi		6	13	20	27
Do		7	14	21	28
Fr	1	8	15	22	29
Sa	2	9	16	23	30
So	3	10	17	24	31
Wo	09	10	11	12	13

April

Mo	1	8	15	22	29
Di	2	9	16	23	30
Mi	3	10	17	24	
Do	4	11	18	25	
Fr	5	12	19	26	
Sa	6	13	20	27	
So	7	14	21	28	
Wo	14	15	16	17	18

Mai

Mo		6	13	20	27
Di		7	14	21	28
Mi	1	8	15	22	29
Do	2	9	16	23	30
Fr	3	10	17	24	31
Sa	4	11	18	25	
So	5	12	19	26	
Wo	18	19	20	21	22

Juni

Mo		3	10	17	24
Di		4	11	18	25
Mi		5	12	19	26
Do		6	13	20	27
Fr		7	14	21	28
Sa	1	8	15	22	29
So	2	9	16	23	30
Wo	22	23	24	25	26

Juli

Mo	1	8	15	22	29
Di	2	9	16	23	30
Mi	3	10	17	24	31
Do	4	11	18	25	
Fr	5	12	19	26	
Sa	6	13	20	27	
So	7	14	21	28	
Wo	27	28	29	30	31

August

Mo		5	12	19	26
Di		6	13	20	27
Mi		7	14	21	28
Do	1	8	15	22	29
Fr	2	9	16	23	30
Sa	3	10	17	24	31
So	4	11	18	25	
Wo	31	32	33	34	35

September

Mo		2	9	16	23	30
Di		3	10	17	24	
Mi		4	11	18	25	
Do		5	12	19	26	
Fr		6	13	20	27	
Sa		7	14	21	28	
So	1	8	15	22	29	
Wo	35	36	37	38	39	40

Oktober

Mo		7	14	21	28
Di	1	8	15	22	29
Mi	2	9	16	23	30
Do	3	10	17	24	31
Fr	4	11	18	25	
Sa	5	12	19	26	
So	6	13	20	27	
Wo	40	41	42	43	44

November

Mo		4	11	18	25
Di		5	12	19	26
Mi		6	13	20	27
Do		7	14	21	28
Fr	1	8	15	22	29
Sa	2	9	16	23	30
So	3	10	17	24	
Wo	44	45	46	47	48

Dezember

Mo		2	9	16	23	30
Di		3	10	17	24	31
Mi		4	11	18	25	
Do		5	12	19	26	
Fr		6	13	20	27	
Sa		7	14	21	28	
So	1	8	15	22	29	
Wo	48	49	50	51	52	01

Kalender 2025

Januar

Mo		6	13	20	27
Di		7	14	21	28
Mi	1	8	15	22	29
Do	2	9	16	23	30
Fr	3	10	17	24	31
Sa	4	11	18	25	
So	5	12	19	26	
Wo	01	02	03	04	05

Februar

Mo		3	10	17	24
Di		4	11	18	25
Mi		5	12	19	26
Do		6	13	20	27
Fr		7	14	21	28
Sa	1	8	15	22	
So	2	9	16	23	
Wo	05	06	07	08	09

März

Mo		3	10	17	24	31
Di		4	11	18	25	
Mi		5	12	19	26	
Do		6	13	20	27	
Fr		7	14	21	28	
Sa	1	8	15	22	29	
So	2	9	16	23	30	
Wo	09	10	11	12	13	14

April

Mo		7	14	21	28
Di	1	8	15	22	29
Mi	2	9	16	23	30
Do	3	10	17	24	
Fr	4	11	18	25	
Sa	5	12	19	26	
So	6	13	20	27	
Wo	14	15	16	17	18

Mai

Mo		5	12	19	26
Di		6	13	20	27
Mi		7	14	21	28
Do	1	8	15	22	29
Fr	2	9	16	23	30
Sa	3	10	17	24	31
So	4	11	18	25	
Wo	18	19	20	21	22

Juni

Mo		2	9	16	23	30
Di		3	10	17	24	
Mi		4	11	18	25	
Do		5	12	19	26	
Fr		6	13	20	27	
Sa		7	14	21	28	
So	1	8	15	22	29	
Wo	22	23	24	25	26	27

Juli

Mo		7	14	21	28
Di	1	8	15	22	29
Mi	2	9	16	23	30
Do	3	10	17	24	31
Fr	4	11	18	25	
Sa	5	12	19	26	
So	6	13	20	27	
Wo	27	28	29	30	31

August

Mo		4	11	18	25
Di		5	12	19	26
Mi		6	13	20	27
Do		7	14	21	28
Fr	1	8	15	22	29
Sa	2	9	16	23	30
So	3	10	17	24	31
Wo	31	32	33	34	35

September

Mo	1	8	15	22	29
Di	2	9	16	23	30
Mi	3	10	17	24	
Do	4	11	18	25	
Fr	5	12	19	26	
Sa	6	13	20	27	
So	7	14	21	28	
Wo	36	37	38	39	40

Oktober

Mo		6	13	20	27
Di		7	14	21	28
Mi	1	8	15	22	29
Do	2	9	16	23	30
Fr	3	10	17	24	31
Sa	4	11	18	25	
So	5	12	19	26	
Wo	40	41	42	43	44

November

Mo		3	10	17	24
Di		4	11	18	25
Mi		5	12	19	26
Do		6	13	20	27
Fr		7	14	21	28
Sa	1	8	15	22	29
So	2	9	16	23	30
Wo	44	45	46	47	48

Dezember

Mo	1	8	15	22	29
Di	2	9	16	23	30
Mi	3	10	17	24	31
Do	4	11	18	25	
Fr	5	12	19	26	
Sa	6	13	20	27	
So	7	14	21	28	
Wo	49	50	51	52	01

Januar

Mo		5	12	19	26
Di		6	13	20	27
Mi		7	14	21	28
Do	1	8	15	22	29
Fr	2	9	16	23	30
Sa	3	10	17	24	31
So	4	11	18	25	
Wo	01	02	03	04	05

Februar

Mo		2	9	16	23
Di		3	10	17	24
Mi		4	11	18	25
Do		5	12	19	26
Fr		6	13	20	27
Sa		7	14	21	28
So	1	8	15	22	
Wo	05	06	07	08	09

März

Mo		2	9	16	23	30
Di		3	10	17	24	31
Mi		4	11	18	25	
Do		5	12	19	26	
Fr		6	13	20	27	
Sa		7	14	21	28	
So	1	8	15	22	29	
Wo	09	10	11	12	13	14

April

Mo		6	13	20	27
Di		7	14	21	28
Mi	1	8	15	22	29
Do	2	9	16	23	30
Fr	3	10	17	24	
Sa	4	11	18	25	
So	5	12	19	26	
Wo	14	15	16	17	18

Mai

Mo		4	11	18	25
Di		5	12	19	26
Mi		6	13	20	27
Do		7	14	21	28
Fr	1	8	15	22	29
Sa	2	9	16	23	30
So	3	10	17	24	31
Wo	18	19	20	21	22

Juni

Mo	1	8	15	22	29
Di	2	9	16	23	30
Mi	3	10	17	24	
Do	4	11	18	25	
Fr	5	12	19	26	
Sa	6	13	20	27	
So	7	14	21	28	
Wo	23	24	25	26	27

Juli

Mo		6	13	20	27
Di		7	14	21	28
Mi	1	8	15	22	29
Do	2	9	16	23	30
Fr	3	10	17	24	31
Sa	4	11	18	25	
So	5	12	19	26	
Wo	27	28	29	30	31

August

Mo		3	10	17	24	31
Di		4	11	18	25	
Mi		5	12	19	26	
Do		6	13	20	27	
Fr		7	14	21	28	
Sa	1	8	15	22	29	
So	2	9	16	23	30	
Wo	31	32	33	34	35	36

September

Mo		7	14	21	28
Di	1	8	15	22	29
Mi	2	9	16	23	30
Do	3	10	17	24	
Fr	4	11	18	25	
Sa	5	12	19	26	
So	6	13	20	27	
Wo	36	37	38	39	40

Oktober

Mo		5	12	19	26
Di		6	13	20	27
Mi		7	14	21	28
Do	1	8	15	22	29
Fr	2	9	16	23	30
Sa	3	10	17	24	31
So	4	11	18	25	
Wo	40	41	42	43	44

November

Mo		2	9	16	23	30
Di		3	10	17	24	
Mi		4	11	18	25	
Do		5	12	19	26	
Fr		6	13	20	27	
Sa		7	14	21	28	
So	1	8	15	22	29	
Wo	44	45	46	47	48	49

Dezember

Mo		7	14	21	28
Di	1	8	15	22	29
Mi	2	9	16	23	30
Do	3	10	17	24	31
Fr	4	11	18	25	
Sa	5	12	19	26	
So	6	13	20	27	
Wo	49	50	51	52	52

Die beweglichen Feste

	2024	2025	2026	2027	2028
Ostersonntag	31.03.	20.04.	05.04.	28.03.	16.04.
Christi Himmelfahrt	09.05.	29.05.	14.05.	06.05.	25.05.
Pfingstsonntag	19.05.	08.06.	24.05.	16.05.	04.06.
Fronleichnam	30.05.	19.06.	04.06.	27.05.	15.06.
Buß- und Bettag	20.11.	19.11.	18.11.	17.11.	22.11.
1. Advent	01.12.	30.11.	29.11.	28.11.	03.12.
Heiligabend	Di	Mi	Do	Fr	So

Gesetzliche Feiertage in Deutschland im Jahre 2025

1.1.: Neujahr, 6.1.: Heilige Drei Könige (Baden-Württemberg, Bayern, Sachsen-Anhalt), 18.4.: Karfreitag, 21.4.: Ostermontag, 1.5.: Tag der Arbeit, 29.5.: Christi Himmelfahrt, 9.6.: Pfingstmontag, 19.6.: Fronleichnam (Baden-Württemberg, Bayern, Hessen, Nordrhein-Westfalen, Rheinland-Pfalz, Saarland, Sachsen teilw., Thüringen teilw.), 15.8.: Mariä Himmelfahrt (Bayern teilw., Saarland), 3.10.: Tag der Deutschen Einheit, 31.10.: Reformationstag (Brandenburg, Hamburg, Mecklenburg-Vorpommern, Niederachsen, Sachsen, Sachsen-Anhalt, Schleswig-Holstein, Thüringen), 1.11.: Allerheiligen (Baden-Württemberg, Bayern, Nordrhein-Westfalen, Rheinland-Pfalz, Saarland), 19.11.: Buß- und Bettag (Sachsen), 25. u. 26.12.: Weihnachten.

Deutschland	Weihn.24/25	Winter 2025	Ostern 2025	Pfingsten 2025
Baden-Württ.	23.12.-04.01.	–	14.04.-26.04.	10.06.-20.06.
Bayern	23.12.-03.01.	03.03.-07.03	14.04.-25.04.	10.06.-20.06.
Berlin	23.12.-31.12.	03.02.-08.02.	14.04.-25.04.	10.06.
Brandenburg	23.12.-31.12.	03.02.-08.02.	14.04.-25.04.	10.06.
Bremen	23.12.-04.01.	03.02.-04.02.	07.04.-19.04.	10.06.
Hamburg	20.12.-03.01.	31.01.	10.03.-21.03.	21.5.-30.05.
Hessen	23.12.-10.01.	–	07.04.-21.04.	–
Mecklenb.-Vorp.	23.12.-06.01.	03.02.-14.02.	14.04.-23.04.	06.06.-10.06.
Niedersachsen	23.12.-04.01.	03.02.-04.02.	07.04.-19.04.	10.06.
Nordrhein-Westf.	23.12.-06.01.	–	14.04.-26.04.	10.06.
Rheinland-Pfalz	23.12.-08.01.	–	14.04.-25.04.	–
Saarland	23.12.-03.01.	24.02.-04.03.	14.04.-25.04.	–
Sachsen	23.12.-03.01.	17.02.-01.03.	18.04.-25.04.	–
Sachsen-Anhalt	23.12.-04.01.	27.01.-31.01.	07.04.-19.04.	30.05.
Schleswig-Holst.	19.12.-07.01.	–	11.04.-25.04.	30.05
Thüringen	23.12.-03.01.	03.02.-08.02.	07.04.-19.04.	30.05.

Deutschland	Sommer 2025	Herbst 2025	Weihn. 25/26	Winter 2026
Baden-Württ.	31.07.-13.09.	27.10.-31.10.	22.12.-05.01.	–
Bayern	01.08.-15.09.	03.-07.11.,19.11.	22.12.-05.01.	16.02.-20.02.
Berlin	24.07.-06.09.	20.10.-01.11.	22.12.-02.01.	02.02.-07.02.
Brandenburg	24.07.-06.09.	20.10.-01.11.	22.12.-02.01.	02.02.-07.02.
Bremen	03.07.-13.08.	13.10.-25.10.	22.12.-05.01.	02.02.-03.02.
Hamburg	24.07.-03.09.	20.10.-31.10.	17.12.-02.01.	30.01.
Hessen	07.07.-15.08.	06.10.-18.10.	22.12.-10.01.	–
Mecklenb.-Vorp.	28.07.-06.09.	20.10.-25.10.	22.12.-05.01.	09.02.-20.02.
Niedersachsen	03.07.-13.08.	13.10.-25.10.	22.12.-05.01.	02.02.-03.02.
Nordrhein-Westf.	14.07.-26.08.	13.10.-25.10.	22.12.-06.01.	–
Rheinland-Pfalz	07.07.-15.08.	13.10.-24.10.	22.12.-07.01.	–
Saarland	07.07.-14.08.	13.10.-24.10.	22.12.-02.01.	16.02.-20.02.
Sachsen	28.06.-08.08.	06.10.-18.10.	22.12.-02.01.	09.02.-21.02.
Sachsen-Anhalt	28.07.-06.09.	13.10.-25.10.	22.12.-05.01.	31.01.-06.02.
Schleswig-Holst.	28.07.-06.09.	20.10.-30.10.	19.12.-06.01.	02.02.-03.02
Thüringen	28.06.-08.08.	06.10.-18.10.	22.12.-03.01.	16.02.-21.02.

Österreich	Semester 2025	Ostern 2025	Pfingsten 2025
Burgenland/Salzburg	10.02.-16.02.	12.04.-21.04.	07.06.-09.06.
Kärnten/Tirol/Vorarlberg	10.02.-16.02.	12.04.-21.04.	07.06.-09.06.
Niederösterreich, Wien	03.02.-09.02.	12.04.-21.04.	07.06.-09.06.
Oberösterreich, Steiermark	17.02.-23.02	12.04.-21.04.	07.06.-09.06.

Österreich	Sommer 2025	Herbst 2025	Weihn. 25/26
Burgenland/Niederösterr./Wien	28.06.-31.08.	27.10.-31.10.	24.12.-06.01.
restliche Bundesländer	05.07.-07.09.	28.10.-31.10.	24.12.-06.01.

Schweiz: Die Ferien sind von Gemeinde zu Gemeinde unterschiedlich.

Angegeben sind jeweils der erste und der letzte Ferientag. Gelegentlich werden die Ferien kurzfristig anders festgelegt, als nach der langfristigen Planung vorgesehen. Alle Angaben ohne Gewähr.

Vorwort

Unsere Welt ist bunt und vielfältig. Vorbei sind die Zeiten, in denen man von Erster (europäischer), Zweiter (amerikanischer), Dritter (kolonialisierter) und zum Teil sogar Vierter (hoffnungslos prekärer) Welt sprach,

Eine solche Klassifizierung und Nummerierung wird der Wirklichkeit nicht mehr gerecht. Die Globalisierung drückt die Verflechtung aus, die zwischen allen Teilen der Welt besteht. Es ist keinesfalls nur so, dass wir „hier oben im Norden" den Kaffee trinken und die Schokolade essen, der im Süden oft zu Hungerlöhnen geerntet wird; inzwischen versuchen wir mit Green- und Bluecards die hellsten Köpfe abzuwerben, die Besatzungen internationaler Schiffe, also die Träger der Globalisierung, kommen überwiegend aus Niedriglohnländern, und wenn wir uns im Urlaub ein wenig Luxus leisten wollen, dann fahren wir dahin, wo die menschliche Arbeitskraft noch erschwinglich ist. Wir leben alle in einer Welt.

Trotzdem sind die Unterschiede zwischen den Ländern gewaltig. Gewaltig ist das richtige Wort, denn in den sog. Failed States, den Gescheiterten Staaten, gibt es kein staatliches Gewaltmonopol. Dort haben Warlords, Drogenkartelle oder religiöse Fanatiker das Sagen. Der Staat ist nicht mehr in der Lage, seine Bürger mit dem Notwendigsten zu versorgen: Bildung, Nahrung, Zukunftsperspektiven.

In diesem Kalender werden viele Beispiele vorgestellt, wie NGOs heutzutage erfolgreich tätig sind: Indem Sie oft in Kooperation mit örtlichen Initiativen den Einzelnen ertüchtigen, ihn in die Lage versetzen, für sich selber zu sorgen. Oft reicht ein wenig Know-how, ein wenig Startkapital. Sobald sich die ersten Erfolge zeigen, gibt es Nachahmer und vor allen kehrt Hoffnung ein, wo man bisher nur schwarz gesehen hat.

In diesem Sinne wünsche ich allen ein lebenswertes 2025

Volker Harms

Dezember 2024

1	So	1. Advent	
2	Mo		49. Wo
3	Di		
4	Mi		
5	Do		
6	Fr	Nikolaustag	
7	Sa		
8	So	2. Advent	
9	Mo		50. Wo
10	Di		
11	Mi		
12	Do		
13	Fr		
14	Sa		
15	So	3. Advent	
16	Mo		51. Wo
17	Di		
18	Mi		
19	Do		
20	Fr		
21	Sa	Winteranfang	
22	So	4. Advent	
23	Mo		52.Wo
24	Di	Heiligabend	
25	Mi	1. Weihnachtstag	
26	Do	2. Weihnachtstag	
27	Fr		
28	Sa		
29	So		
30	Mo		1. Wo
31	Di	Silvester	

Januar 2025

1	Mi	Neujahr	1. Wo
2	Do		
3	Fr		
4	Sa		
5	So		
6	Mo	Heilige Drei Könige	2. Wo
7	Di		
8	Mi		
9	Do		
10	Fr		
11	Sa		
12	So		
13	Mo		3. Wo
14	Di		
15	Mi		
16	Do		
17	Fr		
18	Sa		
19	So		
20	Mo		4. Wo
21	Di		
22	Mi		
23	Do		
24	Fr		
25	Sa		
26	So		
27	Mo		5. Wo
28	Di		
29	Mi		
30	Do		
31	Fr		

Februar 2025

1	Sa	
2	So	
3	Mo	6. Wo
4	Di	
5	Mi	
6	Do	
7	Fr	
8	Sa	
9	So	
10	Mo	7. Wo
11	Di	
12	Mi	
13	Do	
14	Fr	
15	Sa	
16	So	
17	Mo	8. Wo
18	Di	
19	Mi	
20	Do	
21	Fr	
22	Sa	
23	So	
24	Mo	9. Wo
25	Di	
26	Mi	
27	Do	
28	Fr	

März 2025

1	Sa		
2	So		
3	Mo	Rosenmontag	10. Wo
4	Di	Fastnacht	
5	Mi	Aschermittwoch	
6	Do		
7	Fr		
8	Sa		
9	So		
10	Mo		11. Wo
11	Di		
12	Mi		
13	Do		
14	Fr		
15	Sa		
16	So		
17	Mo		12. Wo
18	Di		
19	Mi		
20	Do	Frühlingsanfang	
21	Fr		
22	Sa		
23	So		
24	Mo		13. Wo
25	Di		
26	Mi		
27	Do		
28	Fr		
29	Sa		
30	So	Beginn d. Sommerzeit	
31	Mo		14. Wo

April 2025

1	Di		
2	Mi		
3	Do		
4	Fr		
5	Sa		
6	So		
7	Mo		15. Wo
8	Di		
9	Mi		
10	Do		
11	Fr		
12	Sa		
13	So		
14	Mo		16. Wo
15	Di		
16	Mi		
17	Do		
18	Fr	Karfreitag	
19	Sa		
20	So	Ostersonntag	
21	Mo	Ostermontag	17. Wo
22	Di		
23	Mi		
24	Do		
25	Fr		
26	Sa		
27	So		
28	Mo		18. Wo
29	Di		
30	Mi		

Mai 2025

1	Do	Tag der Arbeit
2	Fr	
3	Sa	
4	So	
5	Mo	19. Wo
6	Di	
7	Mi	
8	Do	
9	Fr	
10	Sa	
11	So	
12	Mo	20. Wo
13	Di	
14	Mi	
15	Do	
16	Fr	
17	Sa	
18	So	
19	Mo	21. Wo
20	Di	
21	Mi	
22	Do	
23	Fr	
24	Sa	
25	So	
26	Mo	22. Wo
27	Di	
28	Mi	
29	Do	Christi Himmelfahrt
30	Fr	
31	Sa	

Juni 2025

1	So		
2	Mo		23. Wo
3	Di		
4	Mi		
5	Do		
6	Fr		
7	Sa		
8	So	Pfingstsonntag	
9	Mo	Pfingstmontag	24. Wo
10	Di		
11	Mi		
12	Do		
13	Fr		
14	Sa		
15	So		
16	Mo		25. Wo
17	Di		
18	Mi		
19	Do	Fronleichnam	
20	Fr		
21	Sa	Sommeranfang	
22	So		
23	Mo		26. Wo
24	Di		
25	Mi		
26	Do		
27	Fr		
28	Sa		
29	So		
30	Mo		27. Wo

Juli 2025

1	Di	
2	Mi	
3	Do	
4	Fr	
5	Sa	
6	So	
7	Mo	28. Wo
8	Di	
9	Mi	
10	Do	
11	Fr	
12	Sa	
13	So	
14	Mo	29. Wo
15	Di	
16	Mi	
17	Do	
18	Fr	
19	Sa	
20	So	
21	Mo	30. Wo
22	Di	
23	Mi	
24	Do	
25	Fr	
26	Sa	
27	So	
28	Mo	31. Wo
29	Di	
30	Mi	
31	Do	

August 2025

1	Fr	Bundesfeier (CH)	
2	Sa		
3	So		
4	Mo		32.Wo
5	Di		
6	Mi		
7	Do		
8	Fr		
9	Sa		
10	So		
11	Mo		33. Wo
12	Di		
13	Mi		
14	Do		
15	Fr	Mariä Himmelfahrt	
16	Sa		
17	So		
18	Mo		34. Wo
19	Di		
20	Mi		
21	Do		
22	Fr		
23	Sa		
24	So		
25	Mo		35. Wo
26	Di		
27	Mi		
28	Do		
29	Fr		
30	Sa		
31	So		

September 2025

1	Mo		36. Wo
2	Di		
3	Mi		
4	Do		
5	Fr		
6	Sa		
7	So		
8	Mo		37. Wo
9	Di		
10	Mi		
11	Do		
12	Fr		
13	Sa		
14	So		
15	Mo		38. Wo
16	Di		
17	Mi		
18	Do		
19	Fr		
20	Sa		
21	So		
22	Mo	Herbstanfang	39. Wo
23	Di		
24	Mi		
25	Do		
26	Fr		
27	Sa		
28	So		
29	Mo		40. Wo
30	Di		

Oktober 2025

1	Mi		
2	Do		
3	Fr	Tag der Deutschen Einheit	
4	Sa		
5	So		
6	Mo		41. Wo
7	Di		
8	Mi		
9	Do		
10	Fr		
11	Sa		
12	So		
13	Mo		42. Wo
14	Di		
15	Mi		
16	Do		
17	Fr		
18	Sa		
19	So		
20	Mo		43. Wo
21	Di		
22	Mi		
23	Do		
24	Fr		
25	Sa		
26	So	Nationalfeiert. (A), Ende der Sommerzeit	
27	Mo		44. Wo
28	Di		
29	Mi		
30	Do		
31	Fr	Reformationstag	

November 2025

1	Sa	Allerheiligen	
2	So		
3	Mo		45. Wo
4	Di		
5	Mi		
6	Do		
7	Fr		
8	Sa		
9	So		
10	Mo		46. Wo
11	Di		
12	Mi		
13	Do		
14	Fr		
15	Sa		
16	So	Volkstrauertag	
17	Mo		47. Wo
18	Di		
19	Mi	Buß- und Bettag	
20	Do		
21	Fr		
22	Sa		
23	So	Totensonntag	
24	Mo		48. Wo
25	Di		
26	Mi		
27	Do		
28	Fr		
29	Sa		
30	So	1. Advent	

Dezember 2025

1	Mo		49. Wo
2	Di		
3	Mi		
4	Do		
5	Fr		
6	Sa	Nikolaustag	
7	So	2. Advent	
8	Mo		50. Wo
9	Di		
10	Mi		
11	Do		
12	Fr		
13	Sa		
14	So	3. Advent	
15	Mo		51. Wo
16	Di		
17	Mi		
18	Do		
19	Fr		
20	Sa		
21	So	4. Advent, Winteranfang	
22	Mo		52. Wo
23	Di		
24	Mi	Heiligabend	
25	Do	1. Weihnachtstag	
26	Fr	2. Weihnachtstag	
27	Sa		
28	So		
29	Mo		1. Wo
30	Di		
31	Mi	Silvester	

Januar 2026

1	Do	Neujahr	1. Wo
2	Fr		
3	Sa		
4	So		
5	Mo		2. Wo
6	Di	Heilige Drei Könige	
7	Mi		
8	Do		
9	Fr		
10	Sa		
11	So		
12	Mo		3. Wo
13	Di		
14	Mi		
15	Do		
16	Fr		
17	Sa		
18	So		
19	Mo		4. Wo
20	Di		
21	Mi		
22	Do		
23	Fr		
24	Sa		
25	So		
26	Mo		5. Wo
27	Di		
28	Mi		
29	Do		
30	Fr		
31	Sa		

Februar 2026

1	So		
2	Mo		6. Wo
3	Di		
4	Mi		
5	Do		
6	Fr		
7	Sa		
8	So		
9	Mo		7. Wo
10	Di		
11	Mi		
12	Do		
13	Fr		
14	Sa		
15	So		
16	Mo	Rosenmontag	8. Wo
17	Di	Fastnacht	
18	Mi	Aschermittwoch	
19	Do		
20	Fr		
21	Sa		
22	So		
23	Mo		9. Wo
24	Di		
25	Mi		
26	Do		
27	Fr		
28	Sa		

März 2026

1 So		
2 Mo		10. Wo
3 Di		
4 Mi		
5 Do		
6 Fr		
7 Sa		
8 So		
9 Mo		11. Wo
10 Di		
11 Mi		
12 Do		
13 Fr		
14 Sa		
15 So		
16 Mo		12. Wo
17 Di		
18 Mi		
19 Do		
20 Fr	Frühlingsanfang	
21 Sa		
22 So		
23 Mo		13. Wo
24 Di		
25 Mi		
26 Do		
27 Fr		
28 Sa		
29 So	Beginn d. Sommerzeit	
30 Mo		14. Wo
31 Di		

April 2026

1 Mi		
2 Do		
3 Fr	Karfreitag	
4 Sa		
5 So	Ostersonntag	
6 Mo	Ostermontag	15. Wo
7 Di		
8 Mi		
9 Do		
10 Fr		
11 Sa		
12 So		
13 Mo		16.Wo
14 Di		
15 Mi		
16 Do		
17 Fr		
18 Sa		
19 So		
20 Mo		17. Wo
21 Di		
22 Mi		
23 Do		
24 Fr		
25 Sa		
26 So		
27 Mo		18. Wo
28 Di		
29 Mi		
30 Do		

Mai 2026

1	Fr	Tag der Arbeit	
2	Sa		
3	So		
4	Mo		19. Wo
5	Di		
6	Mi		
7	Do		
8	Fr		
9	Sa		
10	So		
11	Mo		20. Wo
12	Di		
13	Mi		
14	Do	Christi Himmelfahrt	
15	Fr		
16	Sa		
17	So		
18	Mo		21. Wo
19	Di		
20	Mi		
21	Do		
22	Fr		
23	Sa		
24	So	Pfingstsonntag	
25	Mo	Pfingstmontag	22. Wo
26	Di		
27	Mi		
28	Do		
29	Fr		
30	Sa		
31	So		

Juni 2026

1	Mo		23. Wo
2	Di		
3	Mi		
4	Do	Fronleichnam	
5	Fr		
6	Sa		
7	So		
8	Mo		24. Wo
9	Di		
10	Mi		
11	Do		
12	Fr		
13	Sa		
14	So		
15	Mo		25. Wo
16	Di		
17	Mi		
18	Do		
19	Fr		
20	Sa		
21	So	Sommeranfang	
22	Mo		26. Wo
23	Di		
24	Mi		
25	Do		
26	Fr		
27	Sa		
28	So		
29	Mo		27. Wo
30	Di		

Juli 2026

1	Mi		
2	Do		
3	Fr		
4	Sa		
5	So		
6	Mo		28. Wo
7	Di		
8	Mi		
9	Do		
10	Fr		
11	Sa		
12	So		
13	Mo		29. Wo
14	Di		
15	Mi		
16	Do		
17	Fr		
18	Sa		
19	So		
20	Mo		30. Wo
21	Di		
22	Mi		
23	Do		
24	Fr		
25	Sa		
26	So		
27	Mo		31. Wo
28	Di		
29	Mi		
30	Do		
31	Fr		

August 2026

1	Sa	Bundesfeier (CH)	
2	So		
3	Mo		32. Wo
4	Di		
5	Mi		
6	Do		
7	Fr		
8	Sa		
9	So		
10	Mo		33. Wo
11	Di		
12	Mi		
13	Do		
14	Fr		
15	Sa	Mariä Himmelfahrt	
16	So		
17	Mo		34. Wo
18	Di		
19	Mi		
20	Do		
21	Fr		
22	Sa		
23	So		
24	Mo		35. Wo
25	Di		
26	Mi		
27	Do		
28	Fr		
29	Sa		
30	So		
31	Mo		36. Wo

September 2026

1	Di		
2	Mi		
3	Do		
4	Fr		
5	Sa		
6	So		
7	Mo		37. Wo
8	Di		
9	Mi		
10	Do		
11	Fr		
12	Sa		
13	So		
14	Mo		38. Wo
15	Di		
16	Mi		
17	Do		
18	Fr		
19	Sa		
20	So		
21	Mo		39. Wo
22	Di		
23	Mi	Herbstanfang	
24	Do		
25	Fr		
26	Sa		
27	So		
28	Mo		40. Wo
29	Di		
30	Mi		

Oktober 2026

1	Do		
2	Fr		
3	Sa	Tag der Dt. Einheit	
4	So		
5	Mo		41. Wo
6	Di		
7	Mi		
8	Do		
9	Fr		
10	Sa		
11	So		
12	Mo		42. Wo
13	Di		
14	Mi		
15	Do		
16	Fr		
17	Sa		
18	So		
19	Mo		43. Wo
20	Di		
21	Mi		
22	Do		
23	Fr		
24	Sa		
25	So	Ende d. Sommerz.	
26	Mo	Nationalfeiert. (A)	44. Wo
27	Di		
28	Mi		
29	Do		
30	Fr		
31	Sa	Reformationstag	

November 2026

1	So	Allerheiligen	
2	Mo		45. Wo
3	Di		
4	Mi		
5	Do		
6	Fr		
7	Sa		
8	So		
9	Mo		46. Wo
10	Di		
11	Mi		
12	Do		
13	Fr		
14	Sa		
15	So	Volkstrauertag	
16	Mo		47. Wo
17	Di		
18	Mi	Buß- und Bettag	
19	Do		
20	Fr		
21	Sa		
22	So	Totensonntag	
23	Mo		48. Wo
24	Di		
25	Mi		
26	Do		
27	Fr		
28	Sa		
29	So	1. Advent	
30	Mo		49. Wo

Dezember 2026

1	Di		
2	Mi		
3	Do		
4	Fr		
5	Sa		
6	So	2. Advent, Nikolaustag	
7	Mo		50. Wo
8	Di		
9	Mi		
10	Do		
11	Fr		
12	Sa		
13	So	3. Advent	
14	Mo		51. Wo
15	Di		
16	Mi		
17	Do		
18	Fr		
19	Sa		
20	So	4. Advent	
21	Mo	Winteranfang	52. Wo
22	Di		
23	Mi		
24	Do	Heiligabend	
25	Fr	1. Weihnachtstag	
26	Sa	2. Weihnachtstag	
27	So		
28	Mo		53. Wo
29	Di		
30	Mi		
31	Do	Silvester	

Ist der Südsudan ein gescheiterter Staat? Zumindest finden sich überall im Land die Spuren von Krieg und Zerstörung. Im Herbst soll nun erstmals offiziell eine Regierung gewählt werden. Schon befürchten manche, dass es gewaltsame Unruhen geben könnte. Sogar der Papst aus Rom schaltete sich ein. Wird der Frieden halten? Oder bahnt sich die nächste Krise an?

Südsudan

Ein Bericht von Christian Selbherr

Wie misst man eigentlich Zerbrechlichkeit? Es gibt eine Rangliste, die sich „Fragile State Index" nennt. Das ist ein Verzeichnis „zerbrechlicher Staaten". Anhand einer ganzen Menge Kriterien soll deutlich werden, welche Länder gefährdet sind, dass sie demnächst auseinanderbrechen. Auf Platz eins liegt Somalia, dann folgt der Jemen und schließlich auf dem dritten Rang: der Südsudan.

Wer das seit 2011 unabhängige Land im östlichen Afrika bereist, tut sich leicht, in diese Analyse mit einzustimmen. Die Probleme sind ja überall zu sehen. Rohstoffreichtum? Vorhanden, es gibt reichlich Öl, aber auch Gold und Diamanten. Nur profitiert kaum jemand davon. Müllentsorgung in der Haupstadt Juba? Eher schlecht, die Abfälle türmen sich am Straßenrand. Schulen und Krankenhäuser? Heruntergekommen, schlecht ausgestattet, ignoriert von den staatlichen Verantwortungsträgern. Und die Transportwege in andere Landesteile: sind kompliziert. Das Land ist von großen Sümpfen durchzogen, die viele Gebiete schier unerreichbar machen.

So entsteht schnell ein Bild des gescheiterten, unregierbaren Staates. Bis 2018 gab es Krieg, zunächst ausgelöst durch den Konflikt zwischen Präsident und Vizepräsident, bald aber ausgeweitet auf unzählige rivalisierende Gruppen, die leichten Zugang zu Waffen hatten – noch immer sind genügend aus früheren Kriegszeiten im Umlauf – und die sich eben selbst holen wollten, was ihnen die Zentralregierung in der Hauptstadt Juba oder ihr lokaler Gouverneur nicht zugestehen wollten: Eine gerechtere Verteilung, Zugang zu Ämtern und Jobs, einen Platz in der neuen Na-

tion, die ja immer noch unter dem Label „jüngster Staat der Welt" firmiert. Obwohl die Mächtigen inzwischen in die Jahre kommen.

An der Spitze steht seit 2011 Salva Kiir Mayardit, bekannt für seine extravaganten Cowboyhüte, von denen er einen vom damaligen US-Präsidenten George W. Bush geschenkt bekam.

Lohnt es sich hinzuschauen? Oder wird jede Hilfe angesichts der vielfachen Probleme sowieso vergeblich sein? Als Katholik kann man zum Beispiel darauf hören, was der Papst in Rom dazu meint. Franziskus, der Jesuit aus Argentinien, hat die Fragen der weltweiten Gerechtigkeit klarer angesprochen als die meisten seiner Vorgänger.

Den Südsudan hat er schon lange auf seiner Agenda. 2019 kam es in Rom zu einer überraschenden Geste, als Franziskus vor den verfeindeten Politikern Salva Kiir und Riek Machar niederkniete und ihnen nacheinander die Füße küsste – es sollte ein Zeichen der Demut und ein Ansporn für eine dauerhafte Versöhnung sein.

2023 schließlich konnte Franziskus seinen lange geplanten Besuch im Südsudan verwirklichen. Er bezeichnete das als „Pilgerreise für den Frieden" und rief den Gläubigen damals zu: „Lasst die Zeit des Krieges hinter euch. Keine Gewalt mehr, und kein Blutvergießen."

Genau ein Jahr später schickte der Papst nun erneut einen hohen Kirchenmann in den Südsudan. Kardinal Michael Czerny, zuständig für die Behörde im Vatikan, die sich um die „ganzheitliche Entwicklung des Menschen" kümmern soll. Czerny ist Jesuit wie Franziskus, er wurde in der Tschechoslowakei geboren und wuchs in Kanada auf, wohin seine Eltern mit ihm ausgewandert waren. Als er nun am Sonntag gegen Mittag die St.-Theresa-Kathedrale von Juba betritt, trägt er nicht nur den edlen Ornat des Kurienkardinals, sondern er hat sich auch ein besonderes Kreuz umgehängt, das er regelmäßig trägt.

Es wurde aus dem Holz eines Bootes gefertigt. Ein Flüchtlingsschiff, das auf der Insel Lampedusa gestrandet war. Vielleicht kommt auch der Präsident, hat es zuvor geheißen. Immerhin sei Salva Kiir ja Katholik, und es soll früher sogar mal eine eigene Sitzbank für ihn in der Kirche reserviert gewesen sein, wenn man den Erzählungen glauben darf. Aber dieses Sofa gibt es nicht mehr, und auch der Präsident erscheint dieses Mal nicht. „Er zeigt sich nicht gerne dort, wo er an seine Pflichten erinnert wird“, sagt Pater Gregor Schmidt. Der in Berlin geborene Comboni-Missionar lebt seit 2009 im Südsudan. Wenige Tage vor Ankunft des Besuchs aus dem Vatikan wurde er angefragt, um wesentliche Textteile für die Predigt beizusteuern. Pater Gregor, der sich selten scheut, politische und gesellschaftliche Missstände im Südsudan klar zu benennen, hat einige starke Botschaften formuliert

Doch bevor Kardinal Michael Czerny das Wort ergreift, fahren noch zwei dunkle Limousinen auf dem staubigen Kirchhof vor. „VP2“ steht auf einem der Autokennzeichen. Der „Vizepräsident Nummer 2“ entsteigt dem Wagen. Das Land hat fünf Vizepräsidenten, der bekannteste ist Riek Machar, Salva Kiirs langjähriger Widersacher. Dr. James Wani Igga ist der zweite von fünf, er ist zuständig für die Wirtschaft des Landes. Neben ihm in der Kirche nimmt Jemma Kumba Platz, die Parlamentspräsidentin.

Und dann müssen sie zuhören, was der Kardinal aus Rom ihnen zu sagen hat: „Es ist ein kritischer Moment im politischen Leben Ihres Landes," mahnt er alle Anwesenden, nicht nur die beiden Politiker. Aber die Richtung ist klar: „Während Sie sich auf die Wahlen vorbereiten, beten und arbeiten Sie hart dafür, dass diese fair, transparent und glaubwürdig, gewaltfrei und friedlich verlaufen." Es wären die ersten Wahlen überhaupt seit der Unabhängigkeit. Bis jetzt ist jede Regierung offiziell nur „übergangsweise" im Amt. Die jetzige Regierung trägt sogar den ziemlich ungewöhnlichen Titel: „Wiederbelebte Übergangsregierung der nationalen Einheit".

Jetzt trägt der Kardinal vor: „Ein friedlicher Machtübergang beweist nicht nur politische Reife, sondern ermöglicht auch gute Regierungsführung und ganzheitliche Entwicklung – und beide Dinge sind dringend nötig." Die Stimme der Kirche hat Gewicht, weil der Sudan für die katholische Kirche seit jeher ein Kernland in Afrika ist. Ordensgründer Daniel Comboni aus Italien kämpfte im 19. Jahrhundert gegen die Sklaverei und für die Befreiung der schwarzafrikanischen Völker. 1881 starb Comboni in Khartum. Im 20. Jahrhundert wurden Katholiken von islamistischen Herrschern ausgewiesen, doch sie kamen wieder. Vor allem ab den 2000er-Jahren organisierten kirchliche Einrichtungen die Schulbildung, predigten Frieden und Gerechtigkeit und begleiteten den Süden so auf seinem Weg in die Unabhängigkeit.

Trotzdem kommt man nicht an der Tatsache vorbei, dass auch die Kirche auf ihrer Wegstrecke seit der Unabhängigkeit die eine oder andere falsche Abzweigung genommen hat. Wenn von einem „Failed State" die Rede ist, von einem gescheiterten Staat, dann benutzen manche Beobachter parallel dazu den Begriff der „Failed Church". Während der unruhigen Jahre nach 2011 blieben Bischofssitze jahrelang vakant, es fehlte am geeigneten Personal, und wohl auch am Vertrauen aus Rom. An manchen Orten stehen halbgebaute Großkirchen herum, bei denen offenbar das zugeteilte Budget in anderen Kanälen verschwunden ist. Auch die Kirche blieb nicht verschont von Rivalitäten, die entlang ethnischer Stammeslinien verliefen. Trauriger Höhepunkt war wohl das Attentat auf den italienischen Comboni-Missionar Christian Carlassare im April 2021. Rom hatte ihn gerade zum neuen Bischof von Rumbek bestimmt, da schossen ihm Attentäter in die Beine. Wie man heute weiß, wollte man ihn von seinem neuen Bischofssitz vertreiben, bevor er überhaupt richtig angekommen war.

Konkurrenten hatten sich ebenfalls Hoffnung auf das Amt gemacht. So ist ein Auftritt wie der des kanadischen Kardinals aus Rom vielleicht auch dazu gedacht, die eigene Führungsriege in der Sache zu vereinen. Nach dem Motto: Vergesst nicht, wofür ihr euren Dienst tut.

Ist die Kirche, ist das Land also bereit für eine friedliche Zukunft? Besuch im „Good Shepherd Peace Center“ von Kit, ein bis zwei Autostunden außerhalb der Hauptstadt. Das Bündnis „Solidarity with South Sudan“, ein Zusammenschluss katholischer Ordensgemeinschaften, betreibt es – dieses Wochenende ist eine Jugendgruppe einquartiert. Sie gehören zu einer christlichen Pfingstgemeinde, es wird ausgelassen gesungen, getanzt und gelacht – wie es eben sein soll unter jungen Menschen, die das Leben vor sich haben. Wächst vielleicht doch eines Tages eine andere Generation heran? Eine, die genug hat vom ewigen Kreislauf der Gewalt und des Hasses? Es kann schon sein, dass im Herbst tatsächlich Wahlen stattfinden werden und die Pessimisten Recht behalten. Vielleicht explodiert die Gewalt wieder und das Chaos setzt sich fort.

Dann wird man sich fragen müssen, warum all die Friedensappelle ungehört verhallt sind. Für den Moment jedoch ist es anders: Die Worte sind ausgesprochen, die Botschaft ist in der Welt. Jetzt müsste man sie nur noch wahr machen.

Aus: Missio magazin 3/2024, weitere Infos unter www.missiomagazin.de.

Bis zu 2000 Menschen erreichen die Grenzstadt Renk im Südsudan. Jeden Tag. Sie kommen herüber aus dem Sudan, wo seit April 2023 grausame Kämpfe toben und fast das ganze Land zerrissen haben. Die Menschen fliehen in den Süden, der jedoch selbst kaum überleben kann.

Geflohen, gestrandet und gefährdet

Ein Bericht von Christian Selbherr

Und dann steigt auch noch der Vollmond über dem Flüchtlingslager auf. Es ist ein Tag Ende Januar 2024 in der kleinen Stadt Renk an der Grenze zwischen Sudan und Südsudan. Nicht nur, dass man hier gerade den Vollmond sehen kann. Nein, es ist auch noch die Woche, in der Japan eine erfolgreiche Mondmission vermeldet hat. Während es also der Menschheit zum x-ten Mal gelungen ist, auf einem anderen Planeten zu landen, scheitert sie hier unten zum wiederholten Male daran, eine humanitäre Krise in den Griff zu bekommen.

Als im April 2023 die Kämpfe zwischen Armee und Rebellen in Sudans Hauptstadt Khartum ausbrachen, hoffte man zunächst darauf, dass sich die Lage bald beruhigen möge. Die ersten Flüchtlinge auf südsudanesischer Seite kamen schnell irgendwo unter. Ein leerstehender Komplex der Universität von „Upper Nile“ wurde zum Durchgangslager erklärt. Eine evangelische Kirchengemeinde gab ein Stück Land, auf dem Geflüchtete campieren durften. Kurzzeitig, hieß es.

Man spricht bis heute nicht so sehr von Flüchtlingen, sondern von „Rückkehrern“. Weil traditionell viele Südsudanesen in den Norden ausgewandert waren, um dort Arbeit und ein besseres Leben zu finden. Ihre Verwandten würden sie aufnehmen, hoffte man.

Wie das gehen soll, fragt sich Gabriel Lang. Er kam mit den ersten Flüchtlingen im April nach Renk. Über 20 Jahre seien manche schon weg von zu Hause, es gebe hier keine Familie mehr, die sie aufnehmen könne, und ihr Stück Land sei nun von anderen besiedelt. Er hat außerdem gehört, dass die Lage im ehemaligen Heimatdorf nicht sicher sei. „Wir wissen nicht, wohin wir gehen sollen", sagt er, während sich in Sichtweite einige Jungen auf dem staubigen Boden einen selbstgemachten Fußball zuschießen. „Also bleiben wir hier." Sie leben im „Camp Zero", das ist eine inoffizielle Ansammlung von provisorischen Behausungen aus Plastikplanen und altem Holz. Essen können sie höchstens einmal am Tag, wenn überhaupt, sagt Gabriel Lang. Der Südsudan ist selbst geplagt von vielen Dingen – marodierende Banden bekriegen sich um Viehbesitz und Zugang zu Ölfeldern. Millionen Menschen sind von Hungersnöten bedroht. Auf „Rückkehrer" aus dem Norden hat hier niemand gewartet.

Aber nun sind sie eben da. Und täglich werden es mehr. Bis zu 2000 sind es, die jeden Tag über den Grenzposten Joda nach Renk kommen. Bis Mitte Mai 2024 hat der Südsudan fast 700 000 Flüchtlinge aus dem Sudan aufgenommen.

Die Lage im Sudan gehört zu den vernachlässigten Dramen unserer Zeit. Jedes einzelne Schicksal hätte mehr Aufmerksamkeit verdient. Hamad Atiab Hamad kommt aus Khartum. „Ich hatte dort ein kleines Geschäft, ich habe Mobiltelefone und Ersatzteile verkauft", berichtet er. „Plötzlich kam der Krieg, alles explodierte." Und mit ruhiger, sachlicher Stimme fährt er fort: „Neben mir wurden drei meiner Brüder in den Tod gerissen, als eine Landmine hochging. Ich habe bei der Explosion mein linkes Bein verloren. Inzwischen ist die Wunde einigermaßen verheilt. Hamad Atiab nutzt eine Krücke, um gehen zu können, der Fuß ist dick eingebunden. Seine Familie lebt noch auf der anderen Seite der Grenze. Er hadert damit, dass er sie jetzt nicht mehr ernähren kann.

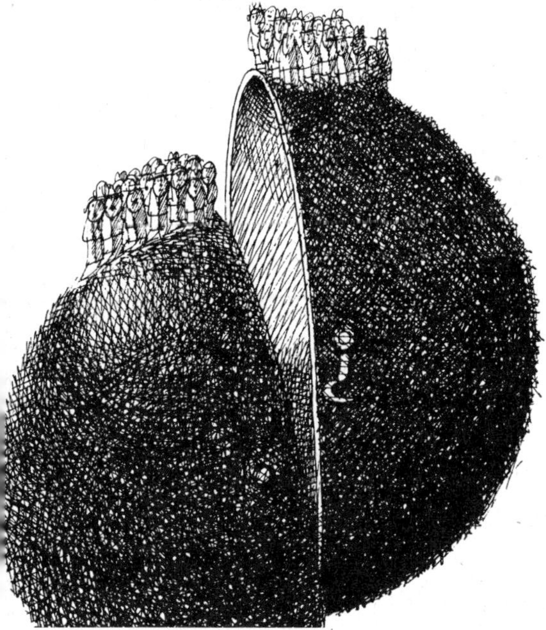

Den Mut hat er nicht aufgegeben. „Wir organisieren uns, so gut es geht. Ich bin Sprecher einer Gruppe von Männern mit Behinderung geworden. Jeden Tag kommen neue Flüchtlinge an. Ich kümmere mich um diejenigen, die eine Körperbehinderung haben, so wie ich, und versuche, ihnen zu helfen."

„Die Menschen hier leiden bittere Not," sagt André Atsu Agbogan. Er ist der Ostafrika-Direktor des Jesuiten-Flüchtlingsdienstes, hier bekannt als „JRS" („Jesuit Refugee Service"). Dass die Flüchtlinge nach wenigen Tagen weiterreisen sollen, sei völlig unrealistisch, sagt er. Der JRS versucht, den Menschen zu helfen, die am meisten Hilfe brauchen. Junge Frauen mit kleinen Kindern zum Beispiel, und Männer und Frauen mit einer körperlichen Behinderung.

Das Gespräch einer vom JRS eingeladenen Selbsthilfegruppe hat schon fast eine Stunde gedauert, da spricht Silviana Joseph an, was viele wissen und nur wenige offen sagen: Als Frau mit körperlichem Handicap – sie ist gehbehindert – lebt sie auch hier in ständiger Gefahr. Gewalt und Missbrauch lauern in den beengten Verhältnissen, in denen die Flüchtlinge untergebracht sind. Silviana Joseph formuliert es so: „Wenn ein Mann in ein Zelt kommt und uns angreift, sind wir nicht stark genug, um wegzulaufen." Frauen mit Gehbehinderung müssen oft ihre Kinder zum Wasserholen an einen Brunnen schicken – auch das kann gefährlich sein.

Trotz allem spürt man hier eine Atmosphäre der Erleichterung, der vorsichtigen Ruhe. Wer es bis hierher geschafft hat, konnte zumindest den größeren Schrecken hinter sich lassen. Doch wie wird es jetzt weitergehen?

Noch haben es Vereinte Nationen, Regierung und Hilfsorganisationen nicht offen ausgesprochen, doch eigentlich ist klar: Die Lage wird zum Dauerzustand werden. Am deutlichsten zeigt sich das beim Thema Schule. Im ersten Jahr nach Beginn der Krise gingen die Kinder der Flüchtlingsfamilien nicht zur Schule, sie blieben einfach in den Auffangzentren. Es sollte ja nur eine Durchgangsstation sein.

Doch die Realität ist längst eine andere. Familien, die vorläufig nicht mehr weiterziehen können, fragen in den Schulen von Renk, ob es denn nicht einen Platz gäbe für ihre Kinder. Ein Beamter aus der Schulbehörde führt durch eine dieser Schulen. Gerade sind noch Ferien. Betrieb herrscht trotzdem.

Eine Gruppe von Lehrkräften hat sich freiwillig zusammengetan, um Fluchtlingskinder zu unterrichten. Es sei kein regulärer Unterricht, erklärt der Regierungsvertreter. „Sie geben Englischkurse, als Vorbereitung für das neue Schuljahr." Im Sudan dominiert Arabisch und ist auch die Unterrichtssprache. Im Südsudan dagegen wird in der Schule Englisch gesprochen. Kinder, die im Unterricht mitkommen möchten, müssen eine neue Sprache lernen. Bald werden Flüchtlingskinder in der Schule sein, ob es nun offiziell gewünscht ist oder nicht.

Nicht weit entfernt liegt die katholische Grundschule der Comboni-Schwestern. Hier warten Mütter und Väter geduldig vor dem Büro der Schulleiterin. Sie wollen ihre Kinder anmelden. Und Schwester Susan Amony Atube nimmt sie auf. Die Ordensfrau aus dem Nachbarland Uganda sagt: „Wir haben jetzt eine Klasse für Flüchtlingskinder, die wir am Nachmittag anbieten. Vormittags läuft der normale Unterricht." Vorläufig sind beide Klassen getrennt. Aber sie werden wohl bald verschmelzen, Flüchtlingskinder und Einheimische werden nebeneinander im Klassenzimmer sitzen.

Wie lange reichen die Gelder für Hilfsmaßnahmen? Das Südsudan-Programm der Vereinten Nationen ist unterfinanziert, viel mehr Geld fließt nach Gaza und in die Ukraine. Bleibt da noch Mitgefühl übrig für eine vergessene Krise wie diese? Und wie lange reichen überhaupt die Unterkünfte in den Transitzentren, die jetzt schon überfüllt sind? Im neuesten Aufnahmelager bauen sie gerade dauerhafte Behausungen – ein Fundament, ein solides Holzgerüst, ein festes Dach. Noch bevor sie fertig sind, drängen sich neu angekommene Flüchtlinge schon um die Plätze. Wer keinen ergattert, spannt eine Stoffplane auf und schläft darunter.

Und als der letzte Lastwagen für den heutigen Tag eintrifft, geht erneut ein großer Trubel los. Kinder werden von der Ladefläche gehoben und zu ihren Eltern hinuntergereicht. Frauen schleppen Koffer und Taschen, oder was sie eben retten konnten. Die Schlafplätze im Camp sind freilich schon alle vergeben. So werden die Neuankömmlinge pragmatisch sein müssen. Während die Sonne unter- und der Vollmond langsam aufgeht, sinken sie einfach auf den Boden nieder. An Ort und Stelle im Sand werden sie heute übernachten. Morgen beginnt die Überlebenslotterie wieder von Neuem.

Aus: Missio magazin 3/2024, weitere Infos unter www.missiomagazin.de.

Westafrika ist in Aufruhr: Der Militärputsch in Niamey hat die Karten im Niger neu gemischt, wie es scheint. Und dann folgte auch noch der Aufstand in Gabun. Was sind die Hintergründe? Und was muss jetzt geschehen? Jean Ziegler kennt die Region seit vielen Jahren – und er analysiert die Lage messerscharf wie kaum ein anderer.

„Niger ist ein Musterbeispiel der Ausbeutung."

Christian Selbherr interviewt Jean Ziegler

Herr Ziegler, Westafrika wird erschüttert von einer Reihe von gewaltsamen Machtwechseln.

Und jetzt wartet jedermann auf den nächsten Putsch, der wahrscheinlich in Kamerun stattfinden wird. Paul Biya ist seit 42 Jahren an der Macht. Ja, das ist eine erstaunliche Serie. Wie ein Buschfeuer.

Was sind die Gründe?

Ich will zuerst einige historische Bemerkungen machen. Im November 1954 begann der algerische Befreiungskrieg. Dieser Krieg war sehr verlustreich für die französische Kolonialarmee. In einer tiefen Krise kam in Paris de Gaulle wieder an die Macht. Sein Wille war, unbedingt Algerien zu behalten. Das konnte er nur, wenn er den französisch beherrschten Staaten in Afrika eine Möglichkeit der Emanzipation gab. So hat sich das neokoloniale Reich Frankreichs konkretisiert.

Eine ganze Reihe von Staaten sind entstanden, die formell souverän geworden sind. Sie hatten Verteidigungsverträge mit Frankreich, französische Militärbasen auf jedem Territorium wurden eingerichtet, eine gemeinsame Währung und eine totale wirtschaftliche Abhängigkeit wurde geschaffen.

Mit welchen Folgen?

35 Prozent aller Afrikaner sind schwerst permanent unterernährt auf einem Boden, der meist sehr fruchtbar ist. Afrika hat eine unerhört kompetente und arbeitsame Bauernschaft. Sie begrüßen jetzt diese Militärputsche als eine Befreiung.

Die französische, neokoloniale Politik – wirtschaftlich, militärisch, mit der Ausbeutung der Bodenschätze – ist der Grund dafür. Rohstoffe wie Bauxit in Guinea, Erdöl in Gabun, werden geplündert. Auch im Niger, einem der größten Uranproduzenten. In Mali sind die Bodenschätze vor allem Gold. Überall findet diese Ausbeutung statt. Überall führt sie zu fürchterlichem menschlichen Elend. Die Bürger sind jetzt enthusiastisch und voller Hoffnung, denn diese Militärregimes brechen mit Frankreich.

Sie wollen die Militärbasen abschaffen, die eigenen Bodenschätze unter Kontrolle bringen und die Währungsunion beenden.

Als Sonderberichterstatter der UNO sind Sie damals verschiedene Male in Niamey gewesen.

Niger ist ein Musterbeispiel dieser neokolonialen, absurden, mörderischen Ausbeutung. Auf einer Million Quadratkilometern leben 25 Millionen Einwohner. Alle aus uralten, hochinteressanten Traditionsgesellschaften, die Haussa, die Peulh, die Tuareg, die Djerma. Gemäß dem *Human Development Index* ist Niger das zweitärmste Land der Welt. Alle zwei, drei Jahre gibt es eine Hungersnot. Der Hunger ist eine immer wiederkehrende schreckliche Plage.

Warum ist das so?

Weil das Riesenterritorium nur vier Prozent Agrarfläche hat. Es sind nur zwei Landstriche auf beiden Seiten des Nigerflusses, wo

Intensivlandwirtschaft betrieben werden kann. Und diese sehr beschränkte Landfläche führt es mit sich, dass nie genug autonom Nahrung produziert werden kann. Jetzt haben wir aber mit Niger einen der wichtigsten Uranproduzenten der Welt. Und diese Minen werden seit der Unabhängigkeit (wie auch zuvor) von Frankreich ausgebeutet, von Areva, einer Staatsgesellschaft, die heute Orano heißt und über 65 Prozent des Stroms in Frankreich liefert. Sie diktiert die Ausbeutungskonditionen. Immer, wenn ein Präsident sich mit der Areva angelegt hat, wurde er durch einen Staatsstreich gestürzt und ein genehmer neuer Präsident wurde eingesetzt, der den Status quo abgesegnet hat.

Das müssen Sie genauer erklären.

Dieser Status quo ist folgender: Der Plan der Weltbank war, die beidseitig situierten Agrarflächen am Niger-Strom auszuweiten auf 440 000 Hektar. Dort könnte Land bewässert werden mit einem Kapillarsystem. Eine neue Technik, die von der Weltbank

popularisiert worden ist. Ein technisches System, bei dem Kanäle mit Pumpen installiert werden. Eine Bewässerung, die dann zwei oder sogar drei Ernten im Jahr erlauben würde, und die somit die Hungersnöte im Niger auf alle Zeiten bannen würde. Das kostet aber nach Weltbank-Budget 280 Millionen Dollar. Aber einer der größten Uranproduzenten der Welt hat nicht den kleinsten Heller übrig, um diese Bewässerungsanlage zu finanzieren.

Wird sich etwas ändern, oder entwickeln sich Hoffnungsträger wieder zu Despoten?

Nein, das glaube ich nicht. Die Situation jetzt ist so zugespitzt, dass kein Machthaber, auch nicht der neue militärische Staatsprä-

Foto: Kathrin Harms

sident, es überleben könnte, wenn er Areva nicht unter Kontrolle bringen würde. Aber Frankreich wird Widerstand leisten. Präsident Macron sagt, die Militärbasen bleiben. Sie müssten militärisch bekämpft werden. Würde man Macron Recht geben, bliebe alles beim Alten. „Im Namen der Demokratie." Dabei heißt das: im Namen der Korruption, der Plünderung und des Elends.

Welche Faktoren spielen noch hinein?

Es kommt dazu, dass in Ländern wie Mali und Burkina Faso noch die Gefahr der Dschihadisten besteht. Ob dies allein zu meistern ist, allein durch die Putschisten, wenn die Franzosen aus dem

Zur Person von Jean Ziegler

Seine Bücher über die Krisen in Entwicklungsländern haben Jean Ziegler (geb. 1934 in der Schweiz) zur vielgehörten Stimme der Globalisierungskritik gemacht. Für die Vereinten Nationen arbeitete er als Sonderberichterstatter für das Recht auf Nahrung und als Mitglied im Menschenrechtsausschuss.

Er sagt: „Wir hätten in Europa noch mehr Bewusstsein dafür schaffen müssen, dass wir diese neokolonialen Reiche hingenommen haben und nicht den Zusammenhang gesehen haben zwischen dem bodenlosen Elend in Afrika und den Regimes der neokolonialen Art, die man ihnen aufgezwungen hat."

Nachzulesen sind seine Gedanken z.B. im Buch **„Warum wir weiter kämpfen müssen. – Mein Leben für eine gerechtere Welt**

Land gewiesen werden, das müsste sich erst noch zeigen. Es ist eine fürchterliche Situation. Aber die Hoffnung der realen Befreiung besteht.

Sie werden sich neue Verbündete suchen wie Russland oder China!

Wichtig ist, finde ich, dass man versteht, dass diese Militärputsche einer historischen Notwendigkeit gehorchen. So konnte es nicht weitergehen mit dem Elend, mit dem Hunger, mit der Korruption. Dass die neue Generation das nicht mehr akzeptiert, kann ich verstehen. Aber das führt nun zum diplomatischen und militärischen Bruch mit den Franzosen, die bisher eine starke Rolle gespielt haben im Kampf gegen die Islamisten. Die Islamisten sind immer noch da. Es braucht neue Verbündete. Das muss die Europäische Union sein!

Rechtfertigt das gewaltsame Umstürze gegen gewählte Regierungen?

Natürlich wäre es theoretisch gut, wenn es eine lebendige Demokratie gäbe, das wäre an sich tausendmal besser als ein autoritäres Militärregime. Aber was von Frankreich als Demokratie gehandelt wird, ist reine neokoloniale Ausbeutung. Und führt zu fürchterlichem menschlichen Elend. Wegen schwerer Unterernährung haben in Mali nur 25 Prozent der Frauen genug Milch, um ihre Kinder zu stillen. 500 000 afrikanische Frauen sterben jährlich bei der Geburt. Die Lebenserwartung in Mali ist die Hälfte von der in Europa. Das ist unannehmbar. Das muss ein Ende nehmen.

Was ist zu tun?

Zum Beispiel haben die Europäische Union und die meisten europäischen Staaten, auch die Schweiz, sofort die bilaterale Hilfe eingestellt. Das ist verbrecherisch. Millionen Menschen im Niger überleben nicht ohne humanitäre Hilfe!

Jeden Tag kommen Frauen aus Afrika und Asien im Libanon an. Auf der Suche nach einem Auskommen, nach einer besseren Zukunft für sich und die Familie in der Heimat. Doch in einem weitverzweigten System moderner Sklaverei werden sie ausgebeutet, misshandelt oder vergewaltigt. Manche zerbrechen daran. Andere finden neue Kraft im Schutzhaus für Frauen, dem „Olive Shelter", und machen sich auf ihren eigenen Weg.

Zukunftsaussicht Hoffnung

Ein Bericht von Kristina Balbach

Beim Fensterputzen tödlich verunglückt. Gäbe es eine Statistik, würde sie davon wohl angeführt. Ein „tragischer Haushaltsunfall", wie er im Libanon häufig geschieht. Denn jede Woche stirbt dort Menschenrechtsorganisationen zufolge mindestens eine ausländische Haushaltshilfe eines nicht natürlichen Todes. Die Dunkelziffer wird weit höher geschätzt.

Aber diese Frauen sind keine Ziffern. Sie sind so verzweifelt, dass sie lieber aus dem fünften Stock springen, als zu bleiben. Manche werden von ihren Dienstherren oder „Madams“ umgebracht, wie Aktivisten in Foren berichten. Das Ende von oft jahrelanger Ausbeutung und Gewalt.

Joyce Mensah hat den „Haushaltsunfall“ mit schweren Verbrennungen überlebt. Von der Schulter bis zur Brust der jungen Frau aus Ghana nässt das wunde Fleisch. Tagsüber verschafft eine Salbe Linderung. In der Nacht versucht Joyce, reglos dazuliegen. Weil Joyce das Essen nicht so zubereitete, wie es ihrer „Madam“ vorschwebte, verbrühte diese sie mit dem heißen Wasser aus dem Reiskocher. Joyce rannte davon, blind vor Schmerzen. Seit wenigen Tagen ist sie nun im Caritas-Schutzhaus für Frauen, dem „Olive Shelter“, an einem nicht genannten Ort in Beirut. Hier kann sie zur Ruhe kommen, wird liebevoll betreut und medizinisch versorgt.

„Olive Shelter“

Die derzeit 52 Frauen im „Olive Shelter“ sind nicht alleine. Nach Angaben des libanesischen Arbeitsministeriums leben und arbeiten im Libanon mit seinen sieben Millionen Einwohnern rund 250.000 Arbeitsmigrantinnen. Menschenrechtsorganisationen gehen darüber hinaus von mehr als 200.000 weiteren nicht gemeldeten Arbeitsverhältnissen aus. Die meisten dieser Frauen werden in Äthiopien angeworben, viele stammen aus Nepal, Bangladesch und Sri Lanka oder aus westafrikanischen Ländern.

Joyce Mensah ahnte nicht, was auf sie zukommen sollte, als der Vertreter einer Agentur eines Tages in ihrem Dorf in Ghana auftauchte. Was sie wusste: Die Armut war groß, die Zukunft aussichtslos. Im Libanon warte ein sicherer Job, so das Versprechen, bezahlt in US-Dollar. Wieviel besser könnte ihr Leben und das ihrer Familie werden! Das Schulgeld für die beiden Kinder wäre

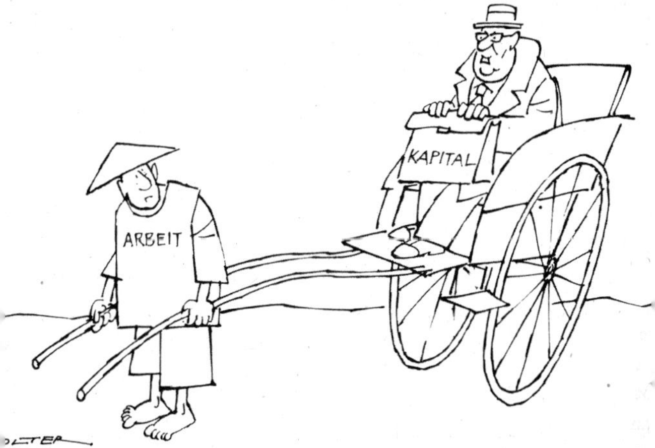

gesichert! Doch Joyce sollte ein jahrelanges Martyrium durchleiden. Vier Jahre später sitzt die schwer misshandelte Frau einer Sozialarbeiterin gegenüber. Sie schämt sich: „Ich war eine Sklavin“, erzählt sie stockend. „Meine Madam schloss mich in der Toilette ein.“ Immer wieder habe sie nachgefragt, doch Geld habe sie selten gesehen. „Ich habe es nicht geschafft“, sagt sie leise. „Ich will nach Hause!“

Einen Satz, den Hessen Sayah Corban oft hört. Seit mehr als zwei Jahrzehnten kümmert sie sich bei der Caritas im Libanon um Menschen mit Migrationshintergrund, um Geflüchtete und seit ein paar Jahren um die vielen Arbeitsmigrantinnen im Land. Einen Termin bei der 43-Jährigen zu bekommen, ist nicht einfach.

Als Leiterin des Schutzbereichs ist sie viel unterwegs. Sie bespricht sich mit ihren Teams in den Schutzhäusern, hält Kontakt zu Anwälten, verhandelt mit Behörden, trifft Botschafter und Politiker und diskutiert mit an Runden Tischen.

Darüber hinaus ist sie Sprachrohr der inzwischen vielen Aktivistinnen, die sich dafür einsetzen, dass Arbeitsmigrantinnen im Libanon endlich sichere und gerechte Arbeitsbedingungen

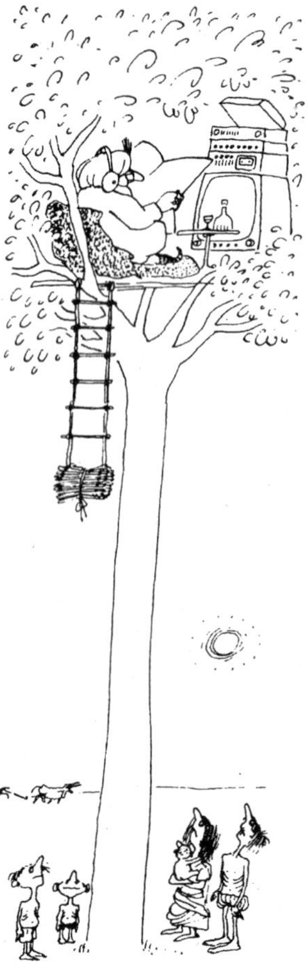

erwarten. #endkafala, #endkafalanow, #sendushome – die Hashtags der Community in den sozialen Netzwerken sind endlos.

Der Kampf Kafala abzuschaffen, ebenso. Hessen Sayah sitzt in ihrem schlichten Büro, das Handy immer im Blick. An der Wand hinter ihr prangt ein Bibelzitat: „Ich war ein Fremder und ihr habt mich aufgenommen". Matthäus 25, 35.

Eins nimmt sie gleich vorweg: „Die verheerende wirtschaftliche Lage des Libanon hat die Situation für Arbeitsmigrantinnen weiter verschärft." Man sei schon dabei gewesen, eine Krankenversicherung durch zubekommen. „Aber in einem Land, das zahlungsunfähig ist und keine Regierung hat, stehen Menschenrechtsthemen nicht im Fokus. Und was wir schon erreicht haben, wird nicht kontrolliert."

Das Team um Hessen Sayah lässt sich davon nicht entmutigen. Wie auch: Die tägliche Not der Frauen trägt alle gemeinsam weiter. Inzwischen hat der Caritas Schutzbereich eine Hotline gestartet, die rund um die Uhr besetzt ist. Auch am Flughafen setzen die Ideen an: Erste Trainings für Mitarbeiter der Einwanderungsbehörde haben stattgefunden. Das soll helfen, mögliche Opfer früh zu erkennen und den zwielichtigen Agenturen das Handwerk zu erschweren.

Im „Olive Shelter“ hat Betty heute Dienst. Vor mehr als 20 Jahren ist sie selbst in diesem Haus gestrandet, das sich hinter einem hohen Eingangstor verbirgt. Als Equbit Bereket, eine junge Frau aus Äthiopien. Inzwischen hat sie die Führungsrolle in einem Team, das aus Sozialarbeiterinnen, ausgebildeten Ehemaligen sowie Psychologinnen besteht. „Das Ziel der meisten Frauen ist die Heimreise. Ich bin damals geblieben. Das hier ist nicht nur ein Job für mich, es ist eine Mission.“ Betty versteht die Not der Frauen – denn vieles davon hat sie selbst erlitten. Heute hört sie Lemlem Birhanu zu, einer Landsfrau. Zögerlich sucht die junge Frau Worte für das Unaussprechliche. Als man sie vor wenigen Wochen in den Straßen von Beirut fand, war sie apathisch. Zwei kleine Jungen, vier und zwei Jahre alt, klammerten sich an sie. Beinahe zehn Jahre Elend hatten alles in einen Nebel gehüllt.

Jetzt sitzt Lemlem auf ihrem einfachen Bett im Schlafsaal. Im Krankenhaus wurde der geschundene Körper gesund gepflegt. Die Seele braucht Zeit. Beruhigungsmittel helfen fürs erste, besonders über die Nacht. Lemlem freut sich, dass Betty ihre Sprache versteht. Und in dieser beweint sie ihren einst so großen Traum, der zum Albtraum wurde: Jahre verbrachte sie in einem Haushalt – ohne einen freien Tag. Gehalt bekam sie monatelang nicht ausbezahlt. Ihre Mahlzeiten waren rationiert. Menschlicher Abfall, schimpfte sie der Dienstherr. Nach einigen Jahren gelang ihr die Flucht, ohne Papiere. Ein Mann nutzte ihre Notlage aus. Er hielt sie als Leibeigene. Lemlem durfte das Haus nicht verlassen. Zwei Jungen kamen in der Wohnung zur Welt.

Für Lemlem Birhanu ist der Rückweg in die Heimat zu ihren beiden Kindern versperrt. Eine Mutter mit zwei weiteren Kindern, aus einem anderen Kulturkreis und ohne Vater! Die Dorfgemeinschaft würde sie nicht akzeptieren. Lemlem wird, sobald es ihr besser geht, an Trainings und Angeboten im Haus teilnehmen, die ihr dabei helfen sollen, eine Integration in die libanesische Gesellschaft zu versuchen. Mit hoffentlich neuen Papieren und einer offiziellen Arbeitserlaubnis, was im besten Fall einige Monate, oft jedoch ein Jahr oder länger dauern kann.

Hanna Wondimu hat all das schon geschafft. Sie ist eine der sogenannten „Outsider". Mit Hilfe mehrerer unabhängiger Putzstellen kann sie sich über Wasser halten und sogar ein Zimmer leisten. Zweimal die Woche hilft sie der gebrechlichen Mutter einer Sozialarbeiterin im Haushalt. Einmal im Monat unterstützt eine Essensbox mit dem Nötigsten, mit Reis, Milch, Öl und Nudeln. Heute kommt Hanna gegen Mittag im Schutzhaus vorbei, um ihre siebenjährige Tochter Mariam vom Unterricht abzuholen. Ein weiteres Angebot der Caritas: 130 Kinder zwischen drei und sechs Jahren besuchen die kleine Schule im ersten Stock des Gebäudes. Ein geschützter Raum für die Kinder dieser Mütter aus derzeit 17 Nationen und schwierigen Verhältnissen. Viele der Mädchen und Jungen haben keinen offiziellen Status, sind also illegal. Außerhalb des Schutzhauses gäbe es für sie keine Möglichkeit auf Bildung. Hanna bezahlt 20 Dollar pro Jahr für die Schule, das kann sie sich leisten.

Mariam bekommt dafür täglich ein warmes Essen. Hanna ist einfach nur froh, wie sie versichert: „Das Schutzhaus ist ein guter Ort. Wie eine Familie. Für Mariam und mich funktioniert es gut. Und ich kann endlich Geld nach Hause schicken!" Denn in der Heimat Äthiopien wartet eine fast erwachsene Tochter, die Hanna mit zwölf Jahren entbunden hat. Ab und zu sieht die Mutter ihre fremde Tochter auf dem Display eines verwackelten Videocalls. Was mit den gesendeten Dollars geschieht?

Hanna Wondrimu weiß es nicht. Sie hofft auf eine gute Zukunft für ihre Tochter in Äthiopien. Lemlem Birhanu wird ihre Zukunft im Libanon finden müssen.

Trügerisches Traumziel Libanon

„Kafala“ nennt sich das System, das in manchen Ländern des Nahen und Mittleren Ostens moderne Sklaverei zur Norm hat werden lassen. Die Anfänge liegen in den 1950er Jahren, als mit dem Aufstieg der ölfördernden Golfregion Billiglohnarbeitskräfte gesucht wurden. „Kafala“ bindet das Recht, im Land zu leben und zu arbeiten an einen Bürgen (arabisch „Kafil“). Mit der Einreise werden Pass und damit Identität genommen. Weitverbreiteter Rassismus und die Idee einer Zwei-Klassen-Gesellschaft stützen „Kafala“. Besonders Minderjährige sind leichte Opfer für Menschenhandel. Agenturen werben junge Frauen an und fälschen die Papiere, damit sie volljährig einreisen. So erging es auch Hanna Wondimu aus dieser Reportage. Sie ist laut Pass 37 Jahre alt, ihr wirkliches Alter ist jedoch 29. Der Generalkonsul für Äthiopien im Libanon, Temesgen Oumer Furikam, beklagte gegenüber dem missio magazin bei einem Treffen in Beirut das Fehlen eines Abkommens zwischen beiden Ländern.Der Ball liege bei der libanesischen Regierung.

Aus: missio magazin, weitere Infos unter: www.missiomagazin.de

Seit Ende Februar wird Haiti von einer Welle der Gewalt überrollt. Bewaffnete Banden haben weite Teile der Hauptstadt Port-au-Prince sowie wichtige Verkehrsknotenpunkte unter ihre Kontrolle gebracht und die De-facto-Regierung gestürzt. Schon zuvor war die Not auf der Karibikinsel groß, jetzt ist es eine humanitäre Katastrophe.

„Unvorstellbares ist alltäglich geworden

Ein Bericht von Annalisa Lombardo,
Landesdirektorin der Welthungerhilfe in Haiti

Wir leben hier in einem Belagerungszustand. Bewaffnete Banden haben den Flughafen und den Hafen in Port-au-Prince lahmgelegt, sie kontrollieren die Straßen, fordern beispielsweise für den Transport von Kraftstoff und Nahrungsmitteln willkürlich Steuern und treiben damit die Preise ins Unerschwingliche. Viele Familien haben ihre begrenzten Vorräte aufgebraucht und können sich Lebenswichtiges kaum noch leisten. Über fünf Millionen Menschen haben nicht genug zu essen, das ist die Hälfte der Bevölkerung. Bereits vor dem Konflikt waren über 270.000 Kinder unter fünf Jahren von akuter Unterernährung bedroht.

Die Ermordung von Präsident Jovenel Moise im Jahr 2021 hinterließ Haiti ohne funktionierende demokratische Institutionen, aber mit einer de-facto-Regierung, die nicht in der Lage war, die Banden in den Slums vom Port-au-Prince oder anderen Regionen des Landes zu kontrollieren. Infolge der nun eskalierten Gewalt ist Unvorstellbares alltäglich geworden: Entführungen, Vergewaltigungen und Morde, täglich hören wir Schüsse, auf den Straßen liegen Leichen, Kinder gehen nicht mehr zur Schule, es wäre zu gefährlich. Zudem wurden viele Schulen nach schweren Erdbeben

und Wirbelstürmen in den vergangenen Jahren zu Notunterkünften und dienen auch jetzt wieder als Zufluchtsort. In Haiti war das Recht auf Bildung schon immer eingeschränkt, in den letzten Jahren wurde es immer stärker ausgehöhlt. Eine fatale Entwicklung, denn Bildung ist ein wichtiger Faktor, um die Probleme des Landes zu überwinden.

Angst überall

Gerade Frauen und Kinder leben in ständiger Angst; wie so oft in Konflikten wird auch jetzt Vergewaltigung als Waffe eingesetzt. Wir unterstützen derzeit örtliche Organisationen, die Zugang zu medizinischer, rechtlicher, psychologischer und wirtschaftlicher Hilfe ermöglichen. Unter ihnen sind Partner, die sich speziell um Opfer von sexueller Gewalt kümmern. Der Bedarf ist ungeheuer groß, es gibt Wartelisten, weil die Plätze nicht reichen. Wie in fast all unseren Projekten arbeiten wir auch in Haiti mit nationalen Teams und örtlichen Partnern zusammen. Uns ist es wichtig sicherzustellen, dass wir über jeden vor Ort ausgegebenen Euro

Rechenschaft ablegen können: gegenüber Projektteilnehmenden, lokalen und nationalen Behörden, öffentlichen Gebern wie der deutschen Regierung oder der Europäischen Union sowie privaten Spendern.

Unsere Arbeit geht trotz der Unruhen weiter, auch wenn fehlende Ressourcen wie Benzin oder anderes Material ein Problem sind. Gemeinsam mit der Landbevölkerung errichten wir Bewässerungssysteme, gestalten Wassereinzugsgebiete in Hanglagen und forsten abgeholzte Hänge wieder auf. Wir unterstützen Bauernfamilien vor und während der landwirtschaftlichen Saison, um ein nachhaltiges Einkommen zu erwirtschaften und die Gefahr von Hungersnöten zu mindern.

Trotz starker Abhängigkeit von internationalen Importen verfügt Haiti über großes landwirtschaftliches Potenzial und fruchtbares Ackerland. Im Jahr 2022 haben wir mit unserer Arbeit fast 60.000 Menschen erreicht. In einer Region im Nordwesten beispielsweise konnten Bauernfamilien durch Bewässerung und andere Veränderungen in der Landwirtschaft ihr Einkommen um 500 Prozent steigern – und das in einem Land, dessen Wirtschaft in weiten Teilen kollabiert.

Mut machende Signale

Sicher braucht es in dieser akuten Krise humanitäre Hilfe, aber zugleich müssen grundlegende Ursachen für die Not im Land angegangen werden. Und zwar in enger Kooperation mit den Menschen – unter Berücksichtigung ihrer Bedürfnisse, ihrer Erfahrung und ihres Wissens. Das alles braucht Zeit. Was ich gegenwärtig in Haiti erlebe, sind zugleich Hoffnung auf einen Neuanfang und Angst vor dem völligen Zusammenbruch. Das Land steht vor einem Umbruch, in welche Richtung ist ungewiss.

Dringend braucht es vor allem Sicherheit. Viele Haitianer müssen als Tagelöhner arbeiten, doch hindert die Sicherheitslage sie daran, fehlt ihnen ein Einkommen. Kein Geld bedeutet dann kein Essen. Zehntausende Menschen sind aus der Hauptstadt geflohen. Sie haben ihre Lebensgrundlage verloren und suchen Schutz in ländlichen Gemeinden, die damit zusätzlich belastet sind. Wir koordinieren uns mit anderen Organisationen, um schnelle Hilfe für geflüchtete Familien und aufnehmende Gemeinden zu leisten.

Trotz der angespannten Sicherheitslage bin ich noch mit anderen Kollegen vor Ort. Wir beobachten die Situation sehr genau und reagieren entsprechend. Für mich ist klar, dass ich mich nicht einfach umdrehen und gehen kann. Ich möchte das Land und die Menschen nicht im Stich lassen, nur weil die Situation schwierig ist. Gerade jetzt ist es umso wichtiger, die Hilfe fortzusetzen. Ich arbeite mit so vielen fähigen, engagierten Menschen zusammen, die sich leidenschaftlich für ihr Land einsetzen. Wir bleiben an ihrer Seite.

Annalisa Lombardo ist Landesdirektorin der Welthungerhilfe in Haiti und lebt seit 2008 auf der Insel. Der Text entstand im April 2024.
Aus: Welthungerhilfe Magazin 2/2024, weitere infos unter www.welthungerhilfe.de

DIALOGUE NORD-SUD:...

Die Not in Afghanistan ist immens, viele Menschen hungern, Frauen und Mädchen werden aus dem öffentlichen leben verbannt. Elke Gottschalk, Regionaldirektorin der Welthungerhilfe für Asien, reiste im Juni nach Kabul und berichtet.

Die Frauen wollen sich nicht unsichtbar machen lassen

Sie kommen gerade aus Afghanistan zurück. Wie ist die humanitäre Lage?

Laut Daten des Welternährungsprogramms und anderer UN-Organisationen können sich bis zu 90 Prozent der Bevölkerung nicht mehr gesund ernähren, zwei Drittel der Menschen sind auf humanitäre Hilfe angewiesen. Afghanistan gehört derzeit zu den sechs schlimmsten Hunger-Hotspots der Welt.

Was hat zu dieser katastrophalen Lage geführt?

Das Land ist von multiplen und komplexen Krisen betroffen. Es herrscht bereits seit Jahren eine Dürre, die Ernten vernichtet. Dazu kam Corona, das Gesundheitssystem ist katastrophal, es gab kaum Prävention und so gut wie keine Impfungen. Viele Menschen starben, vielen Familien hat das den einzigen Ernährer genommen. Und dann die Machtübernahme der Taliban. Allein im Jahr 2021 ist die Wirtschaft deshalb um rund 30 Prozent eingebrochen. Der russische Angriffskrieg gegen die Ukraine hat die Lage weiter verschärft, unter anderem durch drastische Preissteigerungen. Das beeinträchtigt auch die Arbeit von Hilfsorganisationen. Zudem reichen die finanziellen Zusagen der internationalen Gemeinschaft bei weitem nicht aus. Afghanistan ist in Diplomatie und Politik aus dem Fokus geraten.

Warum nimmt die internationale Hilfsbereitschaft ab?

Vor der Machtergreifung der Taliban wurden rund 75 Prozent der afghanischen Staatsausgaben von der internationalen Gebergemeinschaft finanziert. Diese Mittel standen von einem Tag auf den anderen nicht mehr zur Verfügung. Denn weil die Taliban die Menschen- und vor allem die Frauenrechte extrem einschränken, ziehen sich immer mehr Geber zurück.

Und die Bevölkerung zahlt die Rechnung?

Ja, leider. Das Welternährungsprogramm, das in den letzten Jahren Millionen Menschen in Afghanistan versorgt hat, hat bekannt gegeben, dass ihm die Finanzierung für das Land ausgeht, es also voraussichtlich ab Oktober in Afghanistan niemanden mehr versorgen kann. Schon in den letzten beiden Monaten mussten jeweils vier Millionen Menschen aus der Versorgung herausgenommen und Rationen reduziert werden.

Hat die Welthungerhilfe darüber nachgedacht, sich aus Afghanistan zurückzuziehen?

Wir arbeiten seit Anfang der 90er Jahre in Afghanistan, heute mit 200 nationalen und sechs internationalen Mitarbeitern. Auch unter der ersten Talibanherrschaft von 1996 bis 2001 waren wir vor Ort. Natürlich haben wir uns jetzt gefragt: Was können wir unter den neuen Rahmenbedingungen noch machen? Uns war aber klar: Die Menschen brauchen unsere Unterstützung jetzt dringender denn je. Wir können nicht sagen: Das ist uns zu kompliziert, wir ziehen uns zurück. Wir arbeiten in vielen Ländern unter sehr schwierigen Rahmenbedingungen und finden immer einen Weg zu helfen.

Wie arbeiten Sie jetzt dort?

Vor der Machtübernahme waren wir vor allem langfristig in den Bereichen Landwirtschaft, Ernährungssicherung, Ressour-

censchutz und Berufsbildung tätig. Doch die internationalen Geber wollen diese Zusammenarbeit mit den Taliban nicht. Innerhalb von zwei bis drei Monaten nach dem Fall Kabuls haben wir deshalb unsere Arbeit fast komplett auf humanitäre Hilfe umgestellt. Der Bedarf war riesig. Zunächst haben wir hauptsächlich Nahrungsmittel verteilt, dann vor dem Winter Heizmittel und warme Kleidung. Allerdings haben wir bald auf Bargeldverteilungen umgestellt. Das ist einfacher und effizienter und stützt die heimische Wirtschaft. Mittlerweile haben wir auch neue Projekte aufgenommen, die die Widerstandsfähigkeit der Menschen stärken. Wir stellen Saatgut, Dünger, Hühner, Tierfutter und landwirtschaftliche Geräte zur Verfügung. In sogenannten Cash-for-work-Programmen erhalten Menschen Geld dafür, dass sie soziale Infrastruktur wie Bewässerungssysteme instandsetzen. Alle Aktivitäten sind darauf ausgerichtet, dass die Familien wieder selbst Nahrungsmittel produzieren können.

Wie leiden Frauen und Mädchen unter den Taliban?

Für sie hat die Machtergreifung der Taliban katastrophale Folgen. Es gibt besonders radikale Kräfte, die Frauen komplett aus dem öffentlichen Leben verbannen und in den häuslichen Raum zurückdrängen wollen. Sie wollen die Identität der Frauen eliminieren. Darunter leiden die sie extrem, es werden ihnen Lebensentwürfe und Zukunftsperspektiven genommen. In Kabul war ich überrascht, Frauen ohne männliche Begleiter auf den Straßen zu sehen. Viele von ihnen tragen nicht Burka, sondern lange schwarze Mäntel und schwarze Kopftücher, einige sogar bunte Tücher. Ihr mutiges Auftreten ist ein Zeichen des Protests. Die Frauen wollen sich nicht unsichtbar machen lassen. Auf dem Land sieht man sicher weniger Frauen auf der Straße und wenn, dann mit Burka.

Die Taliban verbieten Frauen auch zu arbeiten ...

Ja, als Erstes haben die Taliban ihnen verboten, in Ministerien zu arbeiten. Dann wurde Mädchen und Frauen der Besuch weiterführender Schulen und Universitäten untersagt, schließlich wurde ihnen verboten, für Nichtregierungsorganisationen und die Vereinten Nationen zu arbeiten. Wir haben keine einzige Frau entlassen – und das werden wir auch nicht tun. Für diese klare Haltung haben wir auch die Unterstützung unserer Geber.

Bringen Sie die Frauen so nicht in Gefahr?

Das ist tatsächlich ein Dilemma. Viele unserer Mitarbeiterinnen sind die alleinigen Ernährerinnen ihrer oft großen Familien. Sie sind sich des Risikos bewusst aber sie wollen und müssen arbeiten. Wir haben sie deshalb mit Solarpanelen und Datenpaketen ausgestattet, so dass sie mit ihren Laptops von zu Hause arbeiten können. Aber Viele empfinden die erzwungene Isolierung als sehr dramatisch.

Die Taliban setzen das Arbeitsverbot für Frauen nicht rigoros durch?

Nein. Sie wissen, dass wir Frauen brauchen, um besonders von Hunger betroffene Frauen und Familien zu erreichen. Es sind schwierige Aushandlungsprozesse, und wir bekommen von den Taliban nie etwas Schriftliches und Langfristiges, aber durchaus Zusagen, dass unsere Mitarbeiterinnen an einem bestimmten Tag an einem bestimmten Ort an einer Verteilung teilnehmen können.

Man kann also mit den Taliban verhandeln?

Ja, denn die Taliban gibt es nicht. Die Dekrete, wie das Verbot, dass Frauen nicht bei Hilfsorganisationen arbeiten dürfen, kommen von der politisch-religiösen Führung und dem Emir in Kandahar. Die Hauptstadt der Taliban ist 500 Kilometer von Kabul entfernt. Theoretisch sollen die Ministerien in Kabul umsetzen, was die Führung in Kandahar beschließt, aber das ist nicht immer der Fall. Es gibt bei den Taliban unterschiedliche Strömungen. Wir haben kaum Einblick, was in Kandahar passiert, aber ich gehe davon aus, dass sehr viele Taliban gegen ein Bildungs und Arbeitsverbot für Frauen sind.

Unter Außenministerin Annalena Baerbock und Entwicklungsministerin Svenja Schulze möchte Deutschland eine feministische Außen- und Entwicklungspolitik betreiben. Profitieren Frauen und Mädchen in Afghanistan davon?

Leider nicht. Im Gegenteil! Mit der radikalen Einschränkung der Frauen- und Mädchenrechte geben die Taliban Deutschland und anderen Gebern ein Argument, die begrenzten Mittel eher in Ländern einzusetzen, in denen Frauen mehr Rechte haben. Da Frauen und Mädchen in Afghanistan zu den vulnerabelsten Gruppen gehören, leiden sie am stärksten unter den Mittelkürzungen. So erreicht man also genau das Gegenteil von dem, was man eigentlich erreichen möchte. Darum sollte humanitäre Hilfe sich nach der Bedürftigkeit, nicht nach politischen Prinzipien richten.

Was braucht Afghanistan jetzt am dringendsten?

Langfristige internationale Unterstützung. Denn perspektivisch müssen wir von der humanitären Hilfe wieder zu langfristigen Entwicklungsprojekten kommen. Humanitäre Verteilungen sind jetzt zwar notwendig, aber überhaupt nicht nachhaltig. Wir müssen die Menschen wieder in die Lage versetzen, sich selbst besser helfen zu können.

Aber dazu muss man mit der Regierung zusammenarbeiten. Wollen Sie mit den Taliban kooperieren?

Mir geht es um die Menschen in Afghanistan, und ich plädiere auch dafür, realistisch zu sein. Die Taliban sind derzeit an der Macht. Mit diesem Faktor müssen wir umgehen. Deshalb halte ich es für sehr wichtig, Gesprächskanäle offen zu halten und Verhandlungen und Dialog zwischen der Zivilgesellschaft, den Taliban und der UNO zu intensivieren. Für die Entwicklung des Landes wäre es auch sehr wichtig, einen Friedensprozess aufzusetzen. Mir ist klar, dass es keine Friedensverhandlungen geben kann, solange die Taliban nicht international anerkannt sind. Die Fronten im öffentlichen Diskurs sind so verhärtet, dass das derzeit überhaupt nicht zur Debatte steht. Aber die Taliban immer weiter zu isolieren, führt auch in eine Sackgasse.

Haben die Taliban denn überhaupt Interesse an einer Langfristigen Entwicklungszusammenarbeit?

Das ist schwer zu beurteilen. Doch in Anbetracht der dramatischen humanitären Situation glaube ich, dass sie in Zukunft von der eigenen Bevölkerung stärker zur Verantwortung gezogen werden. Wir erklären den Taliban deshalb immer wieder: Wie funktioniert Entwicklungszusammenarbeit? Welche Prinzipien hat humanitäre Hilfe? Warum wehren wir uns gegen politische Einflussnahme? Ich habe das Gefühl, dass es zumindest zum Teil erfolgreich ist.

Das Interview führte Philipp Hedemann, freier Journalist in Berlin.
Aus: Welthungerhilfe Magazin 3/2023, weitere Infos unter www..welthungerhilfe.de.

Dezember 2024

337. bis 343. Tag

Wichtig in dieser Woche

08:06 16:16

Montag

2

Dienstag

3

Mittwoch

4

 Neumond: ☻, zunehmender Mond: ☽, Vollmond: ☺, abnehmender Mond: ☾

Dezember 2024

Donnerstag

5

Freitag

6

Samstag

7

Sonntag

☽ **8**

2. Advent

Neben dem Sonnensymbol sind die Zeiten angegeben, zu denen in Kassel (9,5° östl.

Dezember 2024

344. bis 350. Tag

Wichtig in dieser Woche

08:14 16:14

Montag

9

Dienstag

10

Mittwoch

11

 Länge, 51,3° nördl. Breite) die Sonne auf- und untergeht. In Abhängigkeit von der geographischen Lage ergeben sich Abweichungen: Je Längengrad sind 4 Minuten in öst-

Dezember 2024

Donnerstag

12

Freitag

13

Samstag

14

Sonntag

☺ **15**

3. Advent

licher Richtung abzuziehen, in westlicher Richtung zu addieren. Bei Orten mit anderer geographischer Breite sind die Verhältnisse jahreszeitabhängig: In nördlicher Richtung

Dezember 2024

352. bis 358. Tag

Wichtig in dieser Woche

08:21 16:14

Montag

16

Dienstag

17

Mittwoch

18

sind die Tage im Sommer länger und im Winter kürzer als in Kassel, in südlicher Richtung ist es umgekehrt. Beispielsweise scheint die Sonne zur Sommersonnenwende in Frei-

Donnerstag
19

Freitag
20

Samstag
21
Winteranfang

Sonntag
☾
22
4. Advent

burg von etwa 5:30 bis 21:30, in Kiel aber von 4:45 bis 22:00, zur Wintersonnenwende hingegen in Freiburg von etwa 8:15 bis 16:30, in Kiel aber nur von 8:30 bis 16:00. Zum

Dezember 2024

358. bis 364. Tag

Wichtig in dieser Woche

08:25 16:17

Montag

23

Dienstag

24

Heiligabend

Mittwoch

25

1. Weihnachtstag

25.12.1978: Einmarsch vietnamesischer Truppen in Kambodscha.

Frühlings- und Herbstanfang scheint die Sonne in beiden Orten jeweils fast genau 12 Stu
Beide Zahlenangaben sind in MESZ (Mitteleuropäische Sommerzeit). Die angegebenen

26.12.1979: Invasion der UdSSR in Afghanistan.

Donnerstag 26

2. Weihnachtstag

27.12.1945: Gründung des Internationalen Währungsfonds (IWF).

Freitag 27

Jedes Jahr sterben weltweit eine Million Kinder an Malaria.

Samstag 28

29.12.1890: Der letzte Aufstand der Sioux-Indianer wird in Süd-Dakota blutig niedergeschlagen (Massaker von Wounded Knee).

Sonntag 29

beziehen sich jeweils auf den Montag der laufenden Woche.

Dezember 2024

365. bis 5. Tag

Wichtig in dieser Woche

08:26 16:22

Montag

30

Dienstag

31

Silvester

Mittwoch

1

Neujahr

1.1.1863: Abschaffung der Sklaverei in den USA.

Januar 2025

Donnerstag

2

Freitag

3

Samstag

4

Sonntag

5

Januar 2025

6. bis 12. Tag

Wichtig in dieser Woche

08:25 16:30

Montag

6.1.2021: Washington, D.C.: Trump-Anhänger stürmen das Kapitol.

6

Heilige Drei Könige[1)]

Dienstag

7 ☽

Mittwoch

8.1.1979: Kambodscha: Ende des vierjährigen Terrorregimes der Roten Khmer nach dem Einmarsch vietnamesischer Truppen.

8

1) gesetzlicher Feiertag in Baden-Württemberg, Bayern, Sachsen-Anhalt, Österreich

9.1.1976: Entschließung der UNO-Vollversammlung: „Kein Staat darf Folter und andere grausame, unmenschliche oder erniedrigende Behandlung oder Strafe zulassen oder dulden.“

Donnerstag

9

10.1.1920: Gründung des Völkerbundes mit Sitz in Genf.

Freitag

10

Samstag

11

12.1.1970: Der Staatschef des von Nigeria abtrünnigen Biafra, Philip Effiong, kapituliert.

Sonntag

12

Januar 2025

Wichtig in dieser Woche

08:25 16:40

Montag

13 ☺

13.1.1986: Putsch im Südjemen. Als Folge entstehen Unruhen, die ca. 15 000 Todesopfer fordern.

Dienstag

14

Mittwoch

15

15.1.1985: Ende der Militärherrschaft in Brasilien.

16.1.1992: Nach zwölfjährigem Bürgerkrieg in El Salvador Waffenstillstand zwischen Regierung und Guerilleros.

Donnerstag

16

17.1.1991: In der Nacht vom 16. zum 17.1.1991 beginnen die Luftangriffe auf den Irak.

Freitag

17

18.1.1977: Die einen Tag vorher bekannt gegebenen Verteuerungen für Lebensmittel führen zu schweren Unruhen in Ägypten.

Samstag

18

Sonntag

19

Januar 2025

20. bis 26. Tag

Wichtig in dieser Woche

08:14 16:51

Montag

20

Dienstag

21 ☾

Mittwoch

22

23.1.1991: In Peru wird der erste Cholerakranke registriert. Im Laufe des Jahres erkranken 300 000 Menschen an dieser Krankheit.

Donnerstag 23

24.1.1973: Unterzeichnung des Waffenstillstandsabkommens für Vietnam.

Freitag 24

25.1.1971: Idi Amin putscht in Uganda und lässt sich am 5.2. zum Präsidenten, Regierungschef und Verteidigungsminister ernennen. 1979 muss er fliehen.

Samstag 25

26.1.1950: Proklamation der indischen Verfassung.

Sonntag 26

Januar 2025

27. bis 33. Tag

Wichtig in dieser Woche

08:08 17:03

Montag

27

Dienstag

28

28.1.1994: Anlässlich des Welt-Lepra-Tages weist die Weltgesundheitsorganisation (WHO) darauf hin, dass es weltweit 3,1 Mio. Leprakranke gibt.

Mittwoch

29 ☻

29.1.1950: Südafrika: In Johannesburg beginnt eine Serie von Demonstrationen gegen die Rassendiskriminierung.

30.1.1948: Mahatma Gandhi (*2.10.1869) wird von einem fanatischen Hindu erschossen.

Donnerstag

30

31.1.1865: Der US-Kongress schlägt in einem Verfassungszusatz die Aufhebung der Sklaverei vor.

Freitag

31

1.2.1979: Ajatollah Chomeini kehrt aus dem Pariser Exil in den Iran zurück. – 1.2.1991: Der südafrikanische Präsident de Klerk verkündet das Ende der Apartheid.

Samstag

1

Sonntag

2

Wichtig in dieser Woche

07:55 17:15

Montag
3

3.2.1994: US-Präsident Bill Clinton hebt das seit 1975 geltende Handelsembargo gegen Vietnam auf.

Dienstag
4

4.2.1948: Sri Lanka wird von Großbritannien unabhängig.

Mittwoch
5 ☽

5.2.1970: Einmarsch von US-Truppen in Laos.

6.2.1967: Die USA beginnen, vietnamesische Wälder mit dem Krebs erregenden Pflanzenschutzmittel Agent Orange zu entlauben.

Donnerstag 6

Freitag 7

Samstag 8

9.2.1992: In Algerien verhängt die Regierung nach blutigen Auseinandersetzungen mit islamischen Fundamentalisten den Ausnahmezustand.

Sonntag 9

Februar 2025

41. bis 47. Tag

Wichtig in dieser Woche

07:43 17:26

Montag
10

10.2.1258: Die Mongolen unter der Führung von Kublai Khan zerstören Bagdad.

Dienstag
11

11.2.1990: Nelson Mandela wird aus der Haft entlassen.

Mittwoch
12 ☺

12.2.1899: Deutschland kauft die Karolinen, die Marianen und die Palauinseln im Südpazifik von Spanien. Sie werden an die deutsche Kolonie Neuguinea angeschlossen.

13.2.1960: Frankreich zündet seine erste Atombombe in der algerischen Sahara.

Donnerstag

13

Freitag

14

Valentinstag

15.2.1989: Die letzten sowjetischen Truppen verlassen Afghanistan.

Samstag

15

16.2.1959: Nach Beendigung des Bürgerkrieges wird Fidel Castro Ministerpräsident Kubas.

Sonntag

16

Februar 2025

48. bis 54. Tag

Wichtig in dieser Woche

07:30 17:41

Montag
17

17.2.1994: amnesty international prangert in Bonn die Menschenrechtsverletzungen an Journalisten in der Türkei an.

Dienstag
18

18.2.1916: Die deutschen Schutztruppen kapitulieren in Kamerun.

Mittwoch
19

19.2.1974: Libyen und Frankreich unterzeichnen ein Abkommen über den Bau von Raffinerien und Kernkraftwerken.

20.2.1987: Wegen der schlechten Wirtschaftslage verkündet Brasilien eine 90-tägige Einstellung der Zinszahlungen an seine Gläubigerbanken.

Donnerstag

☾ **20**

21.2.1989: Die WHO teilt mit, dass 1988 in den Industrieländern etwa 6000 und in den Entwicklungsländern etwa 500 000 junge Frauen im Kindbett gestorben sind.

Freitag

21

Samstag

22

23.2.1989: Es wird bekanntgegeben, dass 1988 mehrere tausend vietnamesische Bootsflüchtlinge von thailändischen Behörden aufs offene Meer zurückgeschickt wurden.

Sonntag

23

Februar 2025

55. bis 61. Tag

Wichtig in dieser Woche

07:16 17:53

Montag

24

24.2.2022: Russland überfällt mit etwa 150.000 Soldaten die Ukraine.

Dienstag

25

Mittwoch

26

Von den 600 Mio. Tonnen Getreide, die jährlich an Tiere verfüttert werden, könnte man 2500 Mio. Menschen ernähren.

Donnerstag

27

Freitag

☻ **28**

1.3.1983: 40 türkische Asylbewerber werden aus der Bundesrepublik abgeschoben und in der Türkei umgehend festgenommen.

Samstag

1

Sonntag

2

März 2025

62. bis 68. Tag

Wichtig in dieser Woche

07:01 18:06

Montag

3

Rosenmontag

3.3.1861: Aufhebung der Leibeigenschaft in Russland.

Dienstag

4

Fastnacht

Mittwoch

5

Aschermittwoch

Jährlich sterben etwa 3,5 Millionen Kinder in der Dritten Welt, weil sie nicht geimpft worden sind.

Donnerstag

☽ **6**

Freitag

7

8.3.1963: Staatsstreich in Syrien: Die sozialistische Bath-Partei übernimmt die Macht.

Samstag

8

Internationaler Frauentag

Sonntag

9

März 2025

69. bis 75. Tag

Wichtig in dieser Woche

06:46 18:18

Montag

10

10.3.1910: China hebt die Sklaverei auf. Der Kauf und Verkauf von Menschen wird verboten.

Dienstag

11

11.3.1995: Der Weltsozialgipfel in Kopenhagen beschäftigt sich mit der Ausarbeitung nationaler Programme gegen Armut, Kinder- und Müttersterblichkeit.

Mittwoch

12

12.3.1930: Mahatma Gandhi verstärkt mit dem „Salzmarsch“ die Kampagne zivilen Ungehorsams gegen die britische Kolonialregierung in Indien.

13.3.2013: Mit Papst Franziskus wird erstmals ein Lateinamerikaner zum Oberhaupt der römisch-katholischen Kirche gewählt.

Donnerstag

13

14.3.1992: Nord- und Südkorea vereinbaren eine gegenseitige Kontrolle der Atomanlagen. Im März 1993 löst die Kündigung des Atomwaffensperrvertrags durch Nordkorea starke politische Spannungen aus.

Freitag

☺ **14**

15.3.1973: Offizieller Rückzug der US-Truppen aus Südvietnam.

Samstag

15

16.3.1968: Die Bewohner des vietnamesischen Dorfes My-Lay werden von US-Soldaten ermordet.

Sonntag

16

März 2025

76. bis 82. Tag

Wichtig in dieser Woche

06:30 18:30

Montag
17

17.3.1992: In einem Referendum stimmen 68,7 % der Weißen in Südafrika für die Abschaffung der Apartheid.

Dienstag
18

18.3.1922: Gandhi wird wegen zivilen Ungehorsams von der britischen Kolonialjustiz zu sechs Jahren Haft verurteilt.

Mittwoch
19

20.3.2003: Die USA marschieren in den Irak ein. Die vermuteten Massenvernichtungswaffen werden nicht gefunden.

Donnerstag

20

Frühlingsanfang

21.3.1960: Massaker von Sharpeville in Südafrika. Der 21. März wird seitdem als „Internationaler Tag für die Beseitigung des Rassismus“ begangen.

Freitag

21

22.3.1945: Die Arabische Liga wird gegründet.

Samstag

☾ 22

Sonntag

23

März 2025

83. bis 89. Tag

Wichtig in dieser Woche

06:14 18:41

Montag

24

24.3.1980: Erzbischof Oscar A. Romero wird in El Salvador ermordet.

Dienstag

25

Mittwoch

26

26.3.1994: Die 18 500 Bürger der ozeanischen Cook-Inseln lehnen in einer Volksabstimmung die Einrichtung eines McDonald's-Restaurants ab.

Donnerstag

27

Freitag

28

Samstag

☻ **29**

30.3.1979: In einer Volksabstimmung im Iran spricht sich eine Mehrheit für die „Islamische Republik" aus, die dann am 1.4.1979 ausgerufen wird.

Sonntag

30

Beginn der Sommerzeit

März 2025

90. bis 96. Tag

Wichtig in dieser Woche

06:58 19:53

Montag

31

Dienstag

1

1.4.1996: Ein Fernsehteam filmt die Misshandlung zweier Mexikaner, die illegal nach Kalifornien einreisen wollen, durch US-Polizeibeamte.

Mittwoch

2

3.4.1930: Haile Selassie wird Kaiser von Äthiopien (bis 1974).

Donnerstag

3

4.4.1976: Mit Pol Pot übernehmen die Roten Khmer in Kambodscha die Macht. Unter dem folgenden Terrorregime kommen über eine Million Menschen um.

Freitag

4

Samstag

☽ **5**

6.4.1988: Frankreich bestätigt, dass es acht Kampfhubschrauber und anderes Ausrüstungsmaterial an Chile liefern will.

Sonntag

6

Wichtig in dieser Woche

06:43 20:05

Montag
7

7.4.1994: Ein tödlicher Anschlag auf die Staatspräsidenten von Ruanda und Burundi markiert den Beginn des Bürgerkrieges in Ruanda, dem in wenigen Wochen über eine Million Menschen zum Opfer fallen.

Dienstag
8

8.4.1960: Südafrika verbietet die Freiheitsbewegungen ANC (African National Congress) und PAC (Panafrican Congress).

Mittwoch
9

9.4.1866: Schwarze, die in den USA geboren wurden, erhalten das amerikanische Bürgerrecht, Indianer dagegen nicht.

10.4.1864: Erzherzog Maximilian, Bruder des Kaisers von Österreich, wird Kaiser von Mexiko.

Donnerstag

10

Freitag

11

Samstag

12

13.4.1961: Die UN-Vollversammlung verurteilt die weiße Rassenpolitik in Südafrika.

Sonntag

☺ **13**

April 2025

Wichtig in dieser Woche

06:27 20:16

Montag

14

14.4.1976: Marokko und Mauretanien teilen nach dem Abzug der Spanier Spanisch-Sahara unter sich auf.

Dienstag

15

15.4.1986: Die USA werfen Bomben auf Libyen als Reaktion auf einen Bombenanschlag in einer Berliner Diskothek.

Mittwoch

16

16.4.2014: Vor der Küste Südkoreas kentert die Fähre Sewol, nur 174 der 476 Menschen an Bord können gerettet werden.

17.4.1983: In Buenos Aires demonstrieren 15 000 Menschen für die Aufklärung des Schicksals Tausender verschwundener Argentinier.

Donnerstag

17

18.4.1980: Zimbabwe, bisher Rhodesien, wird offiziell unabhängig.

Freitag

18

Karfreitag

19.4.1989: Die indonesische Regierung gibt einer Papiertaschentuchfabrik das Recht, 800 000 Hektar Tropenwald abzuholzen.

Samstag

19

20.4.1989: Der Bonner Atom-Untersuchungsausschuss kommt zur Überzeugung, dass die illegalen Exporte der deutschen Firmen NTG und PTB Pakistan den Bau der Atombombe ermöglichen.

Sonntag

20

Ostersonntag

Wichtig in dieser Woche

06:13 20:28

Montag
21
Ostermontag

21.4.1971: Haitis Diktator „Papa Doc“ Duvalier stirbt. Nachfolger wird sein Sohn „Baby Doc“.

☾

Dienstag
22

Mittwoch
23

23.4.1860: Die Demokratische Partei der USA spaltet sich in Gegner und Anhänger der Sklaverei.

24.4.1915: Beginn des Völkermords an den Armeniern im Osmanischen Reich.

Donnerstag

24

25.4.1980: Die Militäraktion der USA zur Befreiung der Geiseln in der Teheraner US-Botschaft scheitert.

Freitag

25

26.4.1994: Erste freie und gleichberechtigte Wahlen in Südafrika.

Samstag

26

27.4.1960: Togo wird von Frankreich unabhängig.

Sonntag

☻ 27

April 2025

118. bis 124. Tag

Wichtig in dieser Woche

05:59 20:39

Montag 28

28.4.1982: Eine neue chinesische Verfassung, die Reformen einleiten soll, wird veröffentlicht.

Dienstag 29

29.4.1972: In Burundi beginnen Stammesfehden, die nach UNO-Schätzungen innerhalb der folgenden drei Monate 80000 Todesopfer fordern.

Mittwoch 30

30.4.1975: Mit der bedingungslosen Kapitulation des Minh-Regimes endet der Vietnam-Krieg.

1.5.1994: Erstmals in der US-Geschichte werden Vertreter der 547 Indianervölker der USA im Weißen Haus empfangen.

Donnerstag

1

Tag der Arbeit

2.5.1955: Indiens Parlament beschließt ein Gesetz, nach dem die Diskriminierung der Kaste der Unberührbaren strafbar ist.

Freitag

2

3.5.1965: Prinz Sihanouk bricht die diplomatischen Beziehungen zu den USA nach amerikanischem Luftbombardement im kambodschanisch-vietnamesischen Grenzgebiet ab.

Samstag

3

4.5.1994: Unterzeichnung des Autonomie-Abkommens zwischen der PLO und Israel, das aber für die äußere Sicherheit zuständig bleibt.

Sonntag

☽ **4**

Mai 2025

125. bis 131. Tag

Wichtig in dieser Woche

05:46 20:51

Montag

5

Dienstag

6

6.5.1312: Das Konzil von Vienne beschließt die Rückeroberung Palästinas von den Moslems.

Mittwoch

7

7.5.1954: Kapitulation der französischen Festung Dien Bien Phu in Vietnam. Sie leitet den Rückzug Frankreichs und das Ende der Kolonialherrschaft in Indochina ein.

Donnerstag

8

Freitag

9

10.5.1655: Jamaika wird von England erobert, der Sklavenhandel bleibt bestehen.

Samstag

10

Sonntag

11

Muttertag

Mai 2025

132. bis 138. Tag

Wichtig in dieser Woche

05:34 21:02

Montag

12 ☺

12.5.1991: Erste freie Wahl in Nepal.

Dienstag

13

13.5.1992: Der Staatspräsident Rodrigo Borja von Ecuador überreicht den Indianern die Eigentumstitel für 1,1 Millionen ha Land in der Amazonasregion.

Mittwoch

14

World Fair Trade Day 2016 (Tag des Fairen Handels)

15.5.1948: Der Staat Israel wird gegründet.

Donnerstag

15

16.5.1975: Das Ex-Königreich Sikkim wird zum 22. indischen Bundesstaat.

Freitag

16

Samstag

17

18.5.1974: Indien zündet seine erste Atombombe.

Sonntag

18

Mai 2025

139. bis 145. Tag

Wichtig in dieser Woche

05:24 21:12

Montag

19

19.5.1992: Die im Nordirak lebenden Kurden wählen ein autonomes Parlament.

Dienstag

20 ☾

20.5.1498: Vasco da Gama erreicht mit seiner Landung in Kalikut (Kalkutta) als erster Europäer Indien auf dem Seeweg.

Mittwoch

21

21.5.1982: Landung britischer Truppen auf den Falkland-Inseln, die Argentinien am 2.4.1982 besetzt hatten.

22.5.1972: Ceylon nennt sich fortan Sri Lanka.

Donnerstag

22

23.5.1951: Tibet wird nach militärischer Besetzung von der Volksrepublik China annektiert (sog. „Vertrag von Peking“).

Freitag

23

24.5.1993: Eritrea wird unabhängig von Äthiopien.

Samstag

24

Sonntag

25

Mai 2025

146. bis 152. Tag

Wichtig in dieser Woche

05:16 21:21

Montag

26

26.5.1966: Guyana wird von Großbritannien unabhängig.

Dienstag

27 ☻

Mittwoch

28

28.5.1975: In Lagos (Nigeria) wird die Wirtschaftsgemeinschaft Westafrikanischer Staaten gegründet.

Donnerstag

29

Christi Himmelfahrt

30.5.1967: Ausrufung der unabhängigen Republik Biafra (im Osten Nigerias); der folgende Bürgerkrieg bis zum 12.1.1970 forderte eine Million Tote, davon 50 000 Soldaten.

Freitag

30

31.5.1966: Innerhalb von drei Tagen haben sich sechs buddhistische Mönche aus Protest gegen das südvietnamesische Militärregime verbrannt.

Samstag

31

1.6.1955: Frankreich gewährt Tunesien Autonomie.

Sonntag

1

Juni 2025

153. bis 159. Tag

Wichtig in dieser Woche

05:10 21:29

Montag

2

Dienstag

3 ☽

3.6.1996: In Istanbul beginnt die UNO-Konferenz Habitat II über die zunehmende Verstädterung und angemessenen Wohnraum, da über die Hälfte der Weltbevölkerung in Städten lebt und die Tendenz steigt.

Mittwoch

4

4.6.1989: In der Nacht vom 3. zum 4. Juni verüben die chinesischen Machthaber auf dem Platz des Himmlischen Friedens ein Massaker an demonstrierenden Studenten.

5.6.1963: Der iranische Geistliche Khomeini wird von der Polizei des Schahs festgenommen.

Donnerstag

5

Freitag

6

7.6.1982: Im Tschad erobern Rebellen unter Führung von Hissné Habré die Hauptstadt N'Djamena.

Samstag

7

8.6.632: Der Prophet Mohammed stirbt in Medina.

Sonntag

8

Pfingstsonntag

Juni 2025

160. bis 166. Tag

Wichtig in dieser Woche

05:06 21:36

Montag

9

Pfingstmontag

Dienstag

10.6.1915: Die deutsche Kolonie Kamerun wird von Großbritannien erobert.

10

Mittwoch

11.6.1970: Räumung der US-amerikanischen Militärstützpunkte in Libyen.

11 ☺

12.6.1964: Nelson Mandela wird unter der Anklage von Subversion und Sabotage zu lebenslanger Haft verurteilt. Er wird erst 1990 aus der Haft entlassen.

Donnerstag

12

13.6.1996: Als letztes Land der Europäischen Union schafft Belgien die Todesstrafe ab.

Freitag

13

14.6.1830: Eroberung Algeriens durch Frankreich.

Samstag

14

Jedes Jahr sterben etwa zwei Millionen Kinder an Masern.

Sonntag

15

Juni 2025

167. bis 173. Tag

Wichtig in dieser Woche

05:05 21:39

Montag
16

16.6.1976: Beginn des Schüleraufstandes in Soweto.

Dienstag
17

17.6.1967: Zündung der ersten chinesischen Wasserstoffbombe.

Mittwoch
18 ☾

19.6.1991: Die „Bewegung der Straßenkinder" gibt bekannt, dass in Brasilien seit Jahresbeginn mindestens 400 Kinder ermordet wurden.

Donnerstag

19

Fronleichnam[1)]

20.6.1900: In Peking wird der deutsche Gesandte von Ketteler ermordet. Beginn des Boxeraufstandes gegen die Imperialmächte Europas, die USA und Japan.

Freitag

20

Samstag

21

Sommeranfang

22.6.1965: Die Internationale Arbeitsorganisation verurteilt Portugal wegen der Zwangsarbeit in seinen Überseegebieten.

Sonntag

22

Juni 2025

174. bis 180. Tag

Wichtig in dieser Woche

05:06 21:42

Montag

23

23.6.2023: Prigoschin putscht gegen Putin und marschiert Richtung Moskau. Am Abend des nächten Tages ruft Prigoschin seine Truppen zurück.

Nationalfeiertag in Luxemburg

Dienstag

24

Mittwoch

25 ☻

25.6.1950: Beginn des Korea-Krieges.

Donnerstag

26

27.6.1950: Der Sicherheitsrat der UNO beschließt die Aufstellung von Interventionstruppen für Korea.

Freitag

27

28.6.1976: Die Seychellen werden von Großbritannien unabhängig.

Samstag

28

29.6.1520: Der Aztekenkönig Montezuma II. wird von seinen Landsleuten ermordet, während er sich in spanischer Gefangenschaft befindet.

Sonntag

29

Juni 2025

181. bis 187. Tag

Wichtig in dieser Woche

05:09 21:41

Montag
30

30.6.1960: Zaire (ehemals Belgisch-Kongo) wird von Belgien unabhängig.

Dienstag
1

1.7.1890: Großbritannien tauscht mit Deutschland die ostafrikanische Insel Sansibar gegen Helgoland.

Mittwoch
2 ☽

2.7.1976: Nach dem Ende des Vietnamkrieges werden Nord- und Südvietnam vereinigt.

3.7.1962: Algerien wird nach achtjährigem Krieg gegen Frankreich unabhängig.

Donnerstag 3

4.7.1910: Russisch-japanisches Abkommen. Russland akzeptiert Japans Eindringen in Korea. Die Japaner erteilen den Russen freie Hand in der Mandschurei.
9

Freitag 4

5.7.1980: Abschaffung der Sklaverei in Mauretanien.

Samstag 5

6.7.1975: Unabhängigkeit der Komoren (im Indischen Ozean) von Frankreich.

Sonntag 6

Wichtig in dieser Woche

05:15 21:38

Montag
7

7.7.1978: Die Salomonen (Ozeanien) werden von Großbritannien unabhängig.

Dienstag
8

8.7.1920: Tanganjika wird Mandatsgebiet Großbritanniens (vorher Deutsch-Ostafrika).

Mittwoch
9

9.7.1816: Argentinien erklärt seine Unabhängigkeit von Spanien.

10.7.1990: Die brasilianische Kirche gibt bekannt, dass der Völkermord an den Yanomami trotz gegenteiliger Beteuerungen der Regierung weitergeht.

Donnerstag

☺ **10**

11.7.1882: Nach christenfeindlichen Unruhen in Ägypten wird Alexandria von britischen Kriegsschiffen bombardiert.

Freitag

11

Samstag

12

13.7.1965: US-Präsident Johnson autorisiert militärische Offensivaktionen in Vietnam.

Sonntag

13

Juli 2025

195. bis 201. Tag

Wichtig in dieser Woche

05:22 21:33

Montag 14

14.7.1920: Frankreich besetzt Damaskus und erklärt König Feisal für abgesetzt. Gegen die Widerstände in seinem Mandatsgebiet trennt Frankreich im September den Libanon vom restlichen Syrien.

Dienstag 15

15.7.1099: Die Ritter des ersten Kreuzzuges erobern Jerusalem. 70000 jüdische und muslimische Bewohner werden massakriert.

Mittwoch 16

16.7.1980: Blutiger Militärputsch in Bolivien.

17.7.2023: Putin verweigert die Verlängerung des Getreideabkommens, nach dem die Ukraine und Russland Getreide über das Schwarze Meer exportieren können.

Donnerstag

17

18.7.2023: Die taz berichtet, dass die Sittenpolizei im Iran, die angeblich aufgelöst worden sei, erneut patroulieren würde, um die Einhaltung der Kleidervorschriften zu überwachen.

Freitag

☾ **18**

19.7.1979: Revolution in Nicaragua, Diktator Somoza flieht, die Sandinisten übernehmen die Regierung.

Samstag

19

20.7.1810: Kolumbien erklärt seine Unabhängigkeit; Krieg gegen die spanische Kolonialmacht bis 1819.

Sonntag

20

Juli 2025

202. bis 208. Tag

Wichtig in dieser Woche

05:31 21:25

Montag

21

Dienstag

22

Mittwoch

23

23.7.1953: Revolution in Ägypten, König Faruk wird ausgewiesen.

24.7.1783: Simon Bolivar, südamerikanischer Nationalheld, wird geboren. Er war Führer der südamerikanischen Kreolen gegen die spanische Herrschaft, 1819-1830 Präsident der Republik Groß-Kolumbien (mit Neugranada, Venezuela und Ecuador).

Donnerstag

☻ 24

25.7.1979: Die Halbinsel Sinai wird von Israel an Ägypten zurückgegeben.

Freitag

25

26.7.1847: Ehemalige amerikanische Sklaven gründen die Republik Liberia.

Samstag

26

27.7.1900: Bei der Verabschiedung deutscher Truppen zur Niederschlagung des Boxeraufstandes berüchtigte „Hunnenrede“ Wilhelms II. : „Rücksichtlos vorgehen ... keine Gefangenen machen“.

Sonntag

27

Juli 2025

209. bis 215. Tag

Wichtig in dieser Woche

05:41 21:15

Montag

28

28.7.2005: Die IRA gibt bekannt, dass sie den jahrzehntelangen bewaffneten Kampf in Nordirland beenden will.

Dienstag

29

Mittwoch

30

30.7.1980: Die Vanuatu-Inseln im Pazifischen Ozean (ehemals Neue Hebriden) werden von Großbritannien unabhängig.

31.7.1951: Die im britischen Besitz befindliche Anglo-Iranian Oil Company beendet die Ölförderung in Abadan/Iran wegen der drohenden Verstaatlichung.

Donnerstag

31

1.8.1988: Die PLO erklärt sich zur Staatsregierung in den besetzten Gebieten.

Freitag

☽ **1**

Bundesfeier in der Schweiz

2.8.1965: Großbritannien schränkt die Einwanderung aus Commonwealth-Ländern ein.

Samstag

2

3.8.1960: Niger wird von Frankreich unabhängig.

Sonntag

3

August 2025

216. bis 222. Tag

Wichtig in dieser Woche

05:51 21:04

Montag

4

4.8.1916: Dänemark verkauft für 25 Millionen US-$ die karibischen Jungferninseln an die USA.

Dienstag

5

5.8.1960: Obervolta, das heutige Burkina Faso, wird von Frankreich unabhängig.

Mittwoch

6

6.8.1945: Abwurf der US-Atombombe auf Hiroshima.

7.8.1819: Kolumbien wird von Spanien unabhängig.

Donnerstag
7

8.8.1925: In Washington hält der Ku-Klux-Klan (Neugründung 1915) mit etwa 200000 Teilnehmern eine Tagung ab. Der Klan hat Mitte der 20er-Jahre 5 Millionen Mitglieder, die gegen Schwarze, Katholiken, Juden und Intellektuelle hetzen.

Freitag
8

Samstag
☺ **9**

10.8.1920: Im Frieden von Sèvres wird das ehemalige Osmanische Reich auf Anatolien beschränkt, u.a. Verlust Syriens, des Iraks, Palästinas; Kurdistan erhält Autonomie. Der Vertrag wird vom türkischen Parlament nicht ratifiziert.

Sonntag
10

Wichtig in dieser Woche

06:02 20:51

Montag

11

11.8.1960: Tschad wird von Frankreich unabhängig.

Dienstag

12

12.8.1930: Türkische Truppen marschieren in den Iran ein, um Kurden zu verfolgen.

Mittwoch

13

13.8.1961: Bau der Berliner Mauer.

14.8.1973: In Pakistan tritt eine neue Verfassung in Kraft, formal sind Frauen gleichberechtigt.

Donnerstag

14

15.8.2021: Die Taliban marschienen in Kabul ein.

Freitag

15

Mariä Himmelfahrt[1)]

16.8.2022: Mahmoud Abbas behauptet in Berlin, die Israelis hätten 50 Holocausts an den Palästinensern verübt.

Samstag

☾ **16**

17.8.1945: Indonesien erklärt seine Unabhängigkeit von den Niederlanden.

Sonntag

17

1) Gesetzlicher Feiertag in: Bayern in Gemeinden mit überwiegend katholischer Bevölkerung, Saarland, – Österreich, Schweiz (teilweise), Luxemburg.

August 2025

230. bis 236. Tag

Wichtig in dieser Woche

06:13 20:38

Montag
18

18.8.1989: Der kolumbianische Präsidentschaftskandidat Luis C. Galan wird bei einer Wahlkundgebung ermordet – vermutlich von der Drogenmafia.

Dienstag
19

19.8.1960: Senegal proklamiert seinen Austritt aus der Mali-Föderation, seither völlige Unabhängigkeit.

Mittwoch
20

20.8.1955: In Algerien und Marokko finden Demonstrationen gegen die französische Kolonialregierung statt.

Donnerstag

21

22.8.1980: In Hamburg werden bei einem Anschlag auf ein Ausländerwohnheim zwei Vietnamesen getötet.

Freitag

22

23.8.1996: Die französische Polizei dringt in eine Pariser Kirche ein, in der 300 Afrikaner zwei Monate lang Zuflucht vor der drohenden Abschiebung gesucht hatten.

Samstag

☻ **23**

24.8.1542: Francisco de Orellana erreicht nach einer Flussfahrt von 6400 km die Amazonasmündung. Er ist der erste Europäer, der den Fluss von der Quelle bis zur Mündung befährt.

Sonntag

24

August 2025

237. bis 243. Tag

Wichtig in dieser Woche

06:24 20:23

Montag

25

Dienstag

26

26.8.1936: Durch den britisch-ägyptischen Vertrag wird Ägypten unabhängiges Königreich, aber die Suez-Kanal-Zone bleibt für 20 Jahre britisches Hoheitsgebiet.

Mittwoch

27

27.8.1963: Mehr als 200 000 Teilnehmer in Washington beim Marsch gegen Rassismus.

Donnerstag

28

29.8.1990: Als erste Großstadt Südafrikas beschließt Johannesburg, „Wohnort für alle Rassen und Bevölkerungsgruppen“ zu werden und damit die Trennung der Wohnbereiche abzuschaffen.

Freitag

29

30.8.1990: Der Direktor der Menschenrechtskommission der UN gibt bekannt, dass etwa 100 Millionen Kinder zwischen sechs und elf Jahren auf der Straße leben.

Samstag

30

31.8.1907: Großbritannien und Russland einigen sich über ihre Interessen in Asien. Großbritannien verzichtet auf Einfluss in Tibet, Russland auf Einfluss in Afghanistan.

Sonntag

☽ **31**

September 2025

244. bis 250. Tag

Wichtig in dieser Woche

06:35 20:08

Montag

1

1.9.1939: Ausbruch des 2. Weltkrieges, der insgesamt über 50 Millionen Menschenleben gefordert hat.

Dienstag

2

2.9.1945: Ho Chi Minh erklärt die Unabhängigkeit Vietnams.

Mittwoch

3

September 2025

4.9.1970: Wahlsieg des Volksfrontkandidaten Salvador Allende in Chile.

Donnerstag

4

5.9.1995: Ungeachtet internationaler Proteste und der lokalen Bevölkerung führt Frankreich im Mururoa-Atoll den ersten von 6 Atomtests durch.

Freitag

5

6.9.1970: Die PLO wird Vollmitglied der Arabischen Liga.

Samstag

6

7.9.1822: Brasilien wird von Portugal unabhängig.

Sonntag

☺ **7**

September 2025

251. bis 257. Tag

Wichtig in dieser Woche

06:46 19:52

Montag
8

8.9.: Welttag der Alphabetisierung. Laut UNESCO-Bericht 2013/2014 können 781 Millionen Erwachsene nicht lesen und schreiben.

Dienstag
9

9.9.1948: Kim Il Sung ruft die Volksdemokratische Republik Korea (Nordkorea) aus.

Mittwoch
10

10.9.70 n. Chr.: Römische Truppen zerstören mit einem Feuer den Tempel von Jerusalem.

11.9.1973: Militärputsch in Chile, Salvador Allende wird ermordet. Militärdiktatur unter General Pinochet bis 1989.

Donnerstag 11

12.9.1980: In der Türkei stürzt das Militär die Regierung Demirel und übernimmt die Macht.

Freitag 12

Samstag 13

14.9.1966: Das Lazarettschiff „Helgoland“ erreicht Vietnam als deutscher Beitrag zum amerikanischen Vietnam-Krieg.

Sonntag ☾ 14

Wichtig in dieser Woche

06:57 19:36

Montag

15

15.9.2014: Mehr als 160 Menschen ertrinken nach dem Kentern eines Flüchtlingsbootes vor der libyschen Küste.

Dienstag

16

16.9.1810: Beginn des mexikanischen Befreiungskampfes gegen Spanien (bis 1821).

Mittwoch

17

17.9.1980: Der nicaraguanische Ex-Diktator Somoza wird in Paraguay ermordet.

18.9.1982: Über 1000 palästinensische Flüchtlinge werden in den Beiruter Flüchtlingslagern Sabra und Schatila von „christlichen" Milizen ermordet.

Donnerstag

18

19.9.1900: Großbritannien besetzt die Burenrepubliken Südafrikanische Republik und Oranjefreistaat.

Freitag

19

20.9.1980: Der Irak greift den Iran an.

Samstag

20

21.9.1964: Malta wird von Großbritannien unabhängig.

Sonntag

☻ **21**

September 2025

265. bis 271. Tag

Wichtig in dieser Woche

07:08 19:20

Montag

22

Herbstanfang

22.9.1862: Abraham Lincoln erklärt die Abschaffung der Sklaverei in den USA. Sie tritt am 1.1.1863 in Kraft.

Dienstag

23

Mittwoch

24

Donnerstag

25

25.9.1991: Friedensabkommen zwischen der Regierung von El Salvador und der Guerillabewegung FMLN durch UN-Vermittlung.

Freitag

26

26.9.1988: Die letzten vietnamesischen Einheiten verlassen Kambodscha.

Samstag

27

27.9.1970: Ein Abkommen zwischen König Hussein und PLO-Chef Arafat beendet den Bürgerkrieg in Jordanien (über 3000 Tote und über 10 000 Verletzte).

Sonntag

28

28.9.1970: Der ägyptische Präsident Gamal Abdel Nasser stirbt. Am 15.10. wird Anwar el Sadat zu seinem Nachfolger gewählt.

Wichtig in dieser Woche

07:19 19:04

Montag

29

Dienstag

30 ☽

30.9.1974: Der Antrag, Südafrika aus der UNO auszuschließen, scheitert am Veto Frankreichs, Großbritanniens und der USA.

Mittwoch

1

Oktober 2025

2.10.1968: Die Regierung von Mexiko lässt auf protestierende Demonstranten schießen, es gibt ca. 300 Tote.

Donnerstag

2

3.10.1973: Die UNO erkennt die Befreiungsbewegung SWAPO als einzige legitime Vertreterin des Volkes von Namibia an.

Freitag

3

Tag der Deutschen Einheit

Samstag

4

5.10.1992: Wahltag in Kuwait: Frauen dürfen auch nach dem Golfkrieg nicht wählen, ihre Männer verhelfen der Opposition, die die Macht des Emirs beschränken will, zum Wahlsieg.

Sonntag

5

Erntedankfest

Wichtig in dieser Woche

07:31 18:48

Montag
6

6.10.-25.10.1973: Vierter israelisch-arabischer Krieg („Yom-Kippur-Krieg").

Dienstag
7 ☺

7.10.2023: Die Hamas dringt in Israel ein, tötet etwa 1200 Menschen und verschleppt 250 Geiseln nach Gaza.

Mittwoch
8

8.10.1990: Die israelische Polizei erschießt auf dem Jerusalemer Tempelberg 17 Palästinenser.

9.10.1967: Ernesto Che Guevara wird in Bolivien erschossen.

Donnerstag

9

10.10.1970: Die Fidschi-Inseln im Pazifik werden von Großbritannien unabhängig.

Freitag

10

11.10.1988: Der „alternative Nobelpreis“ wird an „Friends of the Earth“ aus Malaysia wegen ihres Kampfes gegen die Regenwaldvernichtung und an José Lutzenberger für seine Umweltaktivitäten in Lateinamerika vergeben.

Samstag

11

12.10.1492: Christoph Columbus erreicht nach 71 Tagen Seefahrt Amerika.

Sonntag

12

Wichtig in dieser Woche

07:42 18:33

Montag

13 ☾

13.10.1924: Saudische Truppen erobern Mekka.

Dienstag

14

Mittwoch

15

15./16.10.1965: An mehr als 30 Universitäten in den USA findet ein „Vietnam Day“ statt. Mehr als 100 000 Studenten demonstrieren gegen Amerikas Krieg in Südostasien.

16.10.1945: Gründung der FAO (Food and Agricultural Organisation) der Ernährungs- und Landwirtschaftsorganisation der Vereinten Nationen. Seitdem Welternährungstag.

Donnerstag 16

17.10.1989: In Lausanne beschließen 91 Länder den Stopp des Elfenbeinhandels.

Freitag 17

18.10.1887: Vier französische Protektorate werden zur Indochinesischen Union vereinigt und der französischen Zentralregierung unterstellt.

Samstag 18

19.10.1960: Die USA beginnen den Wirtschaftsboykott gegen Kuba.

Sonntag 19

Oktober 2025

293. bis 299. Tag

Wichtig in dieser Woche

07:54 18:18

Montag

20

20.10.1983: Militärputsch auf Grenada, Premier Bishop wird erschossen.

Dienstag

21 ☻

21.10.1994: Das 1991 gegen Haiti verhängte internationale Embargo führte dort aufgrund des Brennholzmangels zur Abholzung von 97 % des Baumbestandes.

Mittwoch

22

22.10.1947: Um Kaschmir beginnt der erste bewaffnete Konflikt zwischen Indien und Pakistan (bis 1948). – 22.10.1962: Beginn der Kuba-Blockade.

23.10.1961: Bruch zwischen der UdSSR und der VR China.

Donnerstag

23

24.10.1950: Chinesische Truppen marschieren in Tibet ein.

Freitag

24

25.10.1983: Überfall der USA auf Grenada (Karibik).

Samstag

25

26.10.1994: Die Regierungschefs von Israel und Jordanien unterzeichnen einen Friedensvertrag.

Sonntag

26

Nationalfeiertag in Österreich

Ende der Sommerzeit

Oktober 2025

300. bis 306. Tag

Wichtig in dieser Woche

07:06 17:04

Montag

27

27.10.1987: Der ecuadorianische Bischof Leonidas E. Proano erklärt, dass multinationale Erdölfirmen mit ihrer Politik des Landraubs und der Zerstörung der indianischen Lebenswelt einen „neuen Holocaust im Urwald" anrichten.

Dienstag

28

Mittwoch

29 ☽

29.10.1989: In Soweto demonstrieren 70000 Menschen für den verbotenen ANC.

1) Gesetzlicher Feiertag in Brandenburg, Bremen, Hamburg, Mecklenburg-Vorpommern, Niedersachsen, Sachsen, Sachsen-Anhalt, Schleswig-Holstein, Thüringen

30.10.1996: Der chinesische Regimekritiker Wang Dan, einer der Anführer des Protestes auf dem Platz des Himmlischen Friedens, wird in einem Schnellprozess zu elf Jahren Haft verurteilt.

Donnerstag 30

31.10.1984: Die indische Premierministerin Indira Gandhi wird von Sikhs erschossen.

Freitag 31

Reformationstag[1]

1.11.1992: Türkische Truppen dringen in den Nordirak ein und töten über 1000 Mitglieder der kurdischen Arbeiterpartei (PKK).

Samstag 1

Allerheiligen[2]

Sonntag 2

2) Gesetzlicher Feiertag in Baden-Württemberg, Bayern, Nordrhein-Westfalen, Rheinland-Pfalz, Saarland, – Österreich, Schweiz (teilweise), Luxemburg.

November 2025

307. bis 313. Tag

Wichtig in dieser Woche

07:19 16:52

Montag

3

Dienstag

4

Mittwoch

5 ☺

5.11.1956: Frankreich und Großbritannien besetzen die Suez-Zone als Reaktion auf die Verstaatlichung durch Ägypten. Nach Verurteilung durch die USA und UN und sowjetischen Drohungen: Rückzug der Interventionsmächte (Suezkrise).

6.11.1950: Chinesische Truppen greifen im Korea-Krieg ein.

Donnerstag

6

7.11.2013: Durch den Supertaifun Haiyan auf den Philippinen sterben mehr als 5500 Menschen, 24 000 werden obdachlos.

Freitag

7

8.11.1992: In Berlin demonstrieren 350 000 Menschen gegen Ausländerfeindlichkeit und Fremdenhass.

Samstag

8

9.11.1989: Die DDR öffnet ihre Grenzen nach Westen.

Sonntag

9

November 2025

314. bis 320. Tag

Wichtig in dieser Woche

07:31 16:40

Montag

10

Dienstag

11

Mittwoch

12 ☾

13.11.1969: Beginn der größten Vietnamdemonstration in Washington.

Donnerstag

13

14.11.1965: In Schweden beginnt das Russell-Tribunal gegen den Vietnam-Krieg.

Freitag

14

15.11.1991: Die brasilianische Regierung beschließt die Einrichtung eines 94 000 Quadratkilometer großen Reservates für das Indianervolk der Yanomami.

Samstag

15

16.11.1988: Eine vorläufige Bilanz ergibt, dass fast vier Jahre nach der Giftgaskatastrophe von Bhopal noch 1000 Menschen in krankenhausärztlicher und 100 000 in ambulanter Behandlung sind.

Sonntag

16

Volkstrauertag

November 2025

321. bis 327. Tag

Wichtig in dieser Woche

07:43 16:30

Montag

17

17.11.1869: Einweihung des Suez-Kanals; große Erleichterung des europäischen Handels v. a. mit Indien.

Dienstag

18

Mittwoch

19

Buß- und Bettag[1)]

19.–21.11.1977: Der ägyptische Präsident Sadat besucht Jerusalem.

1) Gesetzlicher Feiertag in Sachsen

20.11.1911: Beginn der Revolution in Mexiko.

Donnerstag

☻ 20

Freitag

21

Samstag

22

23.11.1992: Bei einem von Rechtsextremisten verübten Brandanschlag sterben in Mölln drei Türkinnen.

Sonntag

23

Totensonntag

November 2025

328. bis 334. Tag

Wichtig in dieser Woche

07:54 16:23

Montag 24

24.11.2013: Brand in einer Textilfabrik in Bangladesch, die auch für C&A und KiK produziert, bei dem über 100 Menschen sterben, viele aufgrund fehlender Notausgänge.

Dienstag 25

25.11.1965: General Mobuto übernimmt die Macht im Kongo.

Mittwoch 26

26.11.1820: Der Norden und der Süden Haitis werden unter Jean Pierre Boyer vereinigt.

27.11.1095: Papst Urban II. ruft zum ersten Kreuzzug auf. 1099 wird Jerusalem eingenommen.

Donnerstag

27

Freitag

☽ **28**

Samstag

29

30.11.1950: US-Präsident Truman droht mit dem Einsatz der Atombombe in Korea.

Sonntag

30

1. Advent

Wichtig in dieser Woche

08:04 16:17

Montag

1

Dienstag

2

2.12.2013: Der Alternative Nobelpreis geht an den US-Amerikaner Paul Walker für den Kampf gegen Chemiewaffen, an den Arzt Denis Mukwege für seinen Einsatz für Vergewaltigungsopfer im Kongo, den palästinensischen Anwalt für Menschenrechte Raji Sourani sowie den Schweizer Agrarforscher Hans Herren.

Mittwoch

3

3.12.1984: Bei einer Giftgaskatastrophe im indischen Bhopal sterben über 2000 Menschen, 150000 werden gesundheitlich in Mitleidenschaft gezogen.

4.12.1992: Der UN-Sicherheitsrat beschließt die Entsendung von Truppen nach Somalia zur Sicherung der Hungerhilfe.

Donnerstag

4

5.12.1955: Die UNO-Vollversammlung fordert die Beseitigung der Rassendiskriminierung in der Südafrikanischen Union.

Freitag

☺ **5**

6.12.1992: Die Zerstörung der Moschee in Ayodhya durch Hindus löst in Indien Unruhen zwischen Moslems und Hindus aus.

Samstag

6

Nikolaustag

7.12.1910: Die Mandschurei und die Mongolei werden von der Pest heimgesucht.

Sonntag

7

2. Advent

Wichtig in dieser Woche

08:13 16:14

Montag

8

Mariä Empfängnis[1)]

Dienstag

9

9.12.1961: Tansania wird von Großbritannien unabhängig.

Mittwoch

10

10.12.1984: Der farbige südafrikanische Bischof Desmond Tutu erhält den Friedensnobelpreis.

1) Feiertag in Österreich, Schweiz teilweise

Donnerstag

☾ **11**

12.12.1991: Die beiden koreanischen Staaten einigen sich auf ein Nichtangriffsabkommen.

Freitag

12

13.12.1925: Im Iran erklärt sich Reza Pahlevi zum Schah.

Samstag

13

Sonntag

14

3. Advent

Dezember 2025

349. bis 355. Tag

Wichtig in dieser Woche

08:20 16:14

Montag 15

15.12.1969: In Straßburg wird das „Institut für Menschenrechte“ eröffnet.

Dienstag 16

16.12.1975: Beginn der Nord-Süd-Konferenz zwischen 19 Entwicklungsländern und 14 Industriestaaten in Paris.

Mittwoch 17

17.12.1830: Simon Bolivar, der bedeutendste Führer im südamerikanischen Unabhängigkeitskampf gegen die Spanier, stirbt.

18.12.1992: Die israelische Regierung Rabin weist 415 Palästinenser, die sie als Terroristen betrachtet, in den Libanon aus.

Donnerstag
18

19.12.1984: In Peking wird das Abkommen über die britische Kronkolonie Hongkong unterzeichnet (Rückgabe aller Souveränitätsrechte 1997 an China).

Freitag
19

20.12.1925: Der Wahabiten-Führer Ibn Saud erringt die Herrschaft über ganz Innerarabien.

Samstag
☻ **20**

21.12.1192: Bei der Rückkehr vom dritten Kreuzzug wird Richard (II.) Löwenherz bei Wien gefangengenommen.

Sonntag
21
4. Advent
Winteranfang

Dezember 2025

356. bis 362. Tag

Wichtig in dieser Woche

08:24 16:16

Montag

22

Dienstag

23

Mittwoch

24

Heiligabend

24.12.1951: Ende der UN-Treuhänderschaft über die ehemalige italienische Kolonie Libyen.

Dezember 2025

25.12.1978: Vietnamesische Truppen marschieren in Kambodscha ein und vertreiben die Roten Khmer aus der kambodschanischen Hauptstadt Phnom Penh.

Donnerstag
25
1. Weihnachtstag

26.12.1979: Invasion der UdSSR in Afghanistan.

Freitag
26
2. Weihnachtstag

27.12.19498 Die Niederlande müssen die Unabhängigkeit Indonesiens anerkennen.

Samstag
☽ **27**

Sonntag
28

Dezember 2025

363. bis 4. Tag

Wichtig in dieser Woche

08:26 16:21

Montag

29

Dienstag

30

Mittwoch

31

Silvester

31.12.19818 Jerry Rawlings putscht zum zweiten Mal in Ghana und ernennt sich zum Staatsoberhaupt.

Januar 2026

1. 1. 1994: Die Zapatistische Nationale Befreiungsarmee besetzt im mexikanischen Bundesstaat Chiapas mehrere Städte und Dörfer.

Donnerstag

1

Neujahr

Freitag

2

Samstag

☺ **3**

Sonntag

4

735 Millionen Menschen hungern weltweit, darunter überproportional viele junge Menschen, vor allem in Ländern des globalen Südens. Ein Fünftel der Jugendlichen weltweit war 2022 weder in schulischer noch in fachlicher Ausbildung. Dabei ist das Potenzial der Jugend, nachhaltig etwas zu verändern, gewaltig. Dieses Potenzial stärkt die Welthungerhilfe in ihren Projekten.

Hunger auf Leben

Ein Bericht von Karin Grunewald

Dabei bedeutet ein Leben ohne Hunger mehr, als „nur" etwas zu essen zu haben. Es geht um eine bessere Zukunft für Jeden Einzelnen, für ihre Familien, ihre Gemeinden, ihr Land. Wie viel es bewirken kann, Bildung und Beschäftigung zu ermöglichen, erzählen die folgenden Geschichten.

Beatrice, die weder lesen noch schreiben kann, macht in ihrem Dorf im Westen Ugandas eine Ausbildung zur Solarinstallateurin. *Deviram*, der mit 15 Jahren verheiratet wurde und zwei Kinder hat, entwickelte sich am Rande des nepalesischen Bardia Nationalparks vom Halter dreier Ziegen zum erfolgreichsten Ziegenzüchter der Region. In Tadschikistan baut *Parviz* erfolgreich Obst und Gemüse an. Die Zeiten, in denen er in Russland Arbeit suchte, um ein bisschen Geld nach Hause schicken zu können, sind endgültig vorbei.

Beatrice, Deviram und *Parviz* trennen Kontinente, Kulturen und Tausende von Kilometern, und doch haben sie vieles gemeinsam. Sie sind drei von insgesamt über einer Milliarde Jugendlicher weltweit. Sie haben wie alle anderen Hoffnungen, Träume und Ideen, und sie sind gleichzeitig die Hoffnung für ihre Dörfer und Länder. In diese und ihre dort herrschenden Bedingungen wurden sie hineingeboren. Armut, Ernährungsunsicherheit und geringe

Chancen auf Bildung begleiteten bislang ihr Leben. Verheerende Naturkatastrophen und Kriege verschärften den negativen Kreislauf, der ohne Hilfe häufig nicht unterbrochen werden kann.

Gemeinsam haben die Drei auch, dass sie – wie tausende andere Jugendliche – an Projekten der Welthungerhilfe teilnehmen und dadurch ihr Leben entscheidend verändern konnten. Eines der Projekte sind die „Green Colleges" im Westen Ugandas. Sie bieten Jugendlichen aus schwierigen Verhältnissen die Chance auf eine Ausbildung in einem „grünen" und nachhaltigen Beruf, also in der Landwirtschaft, im Bereich Solartechnik, in der Verarbeitung von Lebensmitteln oder im Ökotourismus. 78 Prozent der Bevölkerung Ugandas ist unter 30 Jahre alt. Die Jugendarbeitslosigkeit liegt bei über 70 Prozent, fernab vom weltweiten Durchschnitt von 18,4 Prozent. Gleiches gilt für das Durchschnittseinkommen von 840 US-Dollar in Uganda – und zwar im Jahr.

Die 20-jährige *Beatrice* und der 23-jährige *Cypriano* stammen aus Fort Portal, das auf 1.500 Metern Höhe umringt von grünen Bergen zum Wanderparadies für Touristen avanciert. Für die beiden Jugendlichen geht es jedoch darum, jeden Tag ihren Lebensunterhalt bestreiten zu können. „Meine größte Angst war immer, die Schule nicht beenden zu können", sagt *Cypriano*. Doch als sein Vater starb, passierte genau das. Niemand konnte mehr seine Schulgebühren tragen. Und *Cypriano* war erst in der sechsten Klasse.

Beatrice ging nie zur Schule. Ihre Eltern hielten es für unnötig. Sie arbeitete im Haushalt und ab und zu verkaufte sie auf dem Markt Gemüse. Einen Beruf zu erlernen, so dachte sie, sei ohne Schulbildung ohnehin nicht möglich. Doch das änderte sich eines Vormittags schlagartig. „Ich war gerade in der Küche und hörte im Radio, dass die Welthungerhilfe Ausbildungen bei uns anbietet", erzählt sie. „Weder Schulabschluss noch Gebühren waren dafür nötig, lediglich Motivation." Und davon hatte sie genug.

Deutschland im Energiepreisschock

Heute bauen *Beatrice* und *Cypriano* Solarzellen zusammen, installieren sie und wissen, wie diese ein Haus mit Strom versorgen. Sechs Monate dauert die praxisorientierte Ausbildung, für andere Berufe variiert die Dauer. Mit ihren Partnern vor Ort wird die Welthungerhilfe dort bis 2026 rund 2.500 Jugendlichen eine Ausbildung in ökologischen und nachhaltigen Tätigkeiten ermöglicht haben. Die jungen Menschen bauen Gemüse an, züchten Fische, flechten Körbe, bauen Energiesparöfen - und werden so zu „Ökopreneuren", zu Unternehmern in umweltfreundlichen Berufen. Das Projekt wird vom Bundesministerium für wirtschaftliche Zusammenarbeit und Entwicklung gefördert. Am Ende der Ausbildung stehen ein zweimonatiges Praktikum und eine Starthilfe in die Selbstständigkeit.

Neben der Chance für die jugendlichen auf ein besseres leben wird so auch das Bewusstsein für die Umwelt geschärft. „Oft fällen wir Bäume, um zu heizen und unsere Öfen zu betreiben, doch Solarenergie ist die Lösung für die Zukunft", sagt Cypriano. Für Beatrice geht es auch noch um etwas anderes. „Ich habe mich für die sen Beruf entschieden, weil er mir als ein typischer Män nerberuf erschien", sagt sie lächelnd. „Ich wollte das ändern." Knapp die Hälfte der Jugendlichen im Projekt sind Frauen.

Skill Up!

Auch das Programm Skill Up!, das die Welthungerhilfe bis 2026 stufenweise in zwölf Ländern umsetzt, hat zum Ziel, dass Jugendliche durch Beschäftigung und Unternehmertum ein angemessenes Einkommen erzielen, ihre Lebensqualität sowie die ihrer Familien und Gemeinden verbessern. Skill Up! wurde 2015 auf Initiative von Gudrun Bauer ins Leben gerufen und in einer Kooperation zwischen der Bauer Charity gGmbH und der Welthungerhilfe entwickelt. Insgesamt 15.000 Jugendliche nehmen teil: Imker in Tadschikistan, Experten für Fotovoltaik in Malawi, Näher in Nepal – die Liste der erfolgreichen Beispiele ist lang.

Dabei geht es immer um verschiedene Ebenen der Bildung. Grundlage sind zunächst fachliches Wissen und technische Fertigkeiten. Für Deviram und seine Ziegenzucht in Nepal war das Wissen über Innovationen und Technologie entscheidend, um seinen Betrieb effizient und produktiv zu machen. „Ich habe heute viel bessere Fütterungstechniken, ein System zur Gesundheitsüberwachung meiner Ziegen, und ich kann meine Entscheidungen datengestützt treffen", erzählt er.

Bhawana (25) lernte in ihrer nepalesischen Gemeinde Runtigadhi, wie sich mit dem Anbau lokaler Produkte die Unter-. und Mangelernährung bekämpfen lässt. Vorher wusste sie nicht einmal, was Vitamine überhaupt sind. Viele andere Jugendliche weltweit lernen in Projekten der Welthungerhilfe, wie sie gesunde und auch klimaangepasste Nahrungsmittel produzieren können – ein unmittelbar wirksamer Weg gegen den Hunger.

Neben Fachwissen sind unternehmerische Fähigkeiten und Lebenskompetenzen und somit das Gespür für gefragte Geschäftsideen entscheidend für den Erfolg in der Selbstständigkeit. Arbeit nutzt den Jugendlichen nichts, wenn sich damit nicht genügend Geld verdienen lässt. Sie benötigen die richtigen Kompetenzen, um ihr Potenzial an Engagement und Innovationskraft aussichtsreich freisetzen zu können. Es gilt, Kleinunternehmen zu gründen, die sich rechnen und für deren Produkte oder Dienstleistungen es auch eine Abnehmerschaft gibt.

Rachael hat mit ihren 19 Jahren bereits einiges versucht. Zunächst betrieb sie einen Stand mit Zuckerrohr im ugandischen Katadoba – ein Minusgeschäft, wie sie enttäuscht feststellen musste. „Inzwischen weiß ich, wie man einen Businessplan erstellt", erzählt sie. Nach ihrer Ausbildung am Green College als Saftherstellerin will sie einen Laden in der Stadt eröffnen, in dem sie morgens mit der Zubereitung von Saft beginnt und abends Maniok und Pommes frites brät. „Ich bin über zeugt davon, dass sich diese beiden Angebote gut ergänzen werden", sagt sie.

Auch *Latisha* ist erst 19, als sie am Green College ihren Abschluss in Gemüseanbau macht. Ihre Heimat liegt in der Region der Ugandischen Kraterseen, in der sich auch Touristenhotels befinden. Heute baut sie hochwertiges Biogemüse wie etwa Spinat, Gurken, Frühlingszwiebeln und Erdbeeren an und verkauft es rund um die Hotels.

Aus: Welthungerhilfe Magazin 4/2024, weitere Infos unter www.welthungerhilfe.de

Fast drei Jahre dauert die Dürre in Kenia nun schon an, mittlerweile sind fünf Regenzeiten ausgefallen. Für die Hirtenfamilien im Norden des Landes sind dies lebensbedrohliche Bedingungen. Es gibt nicht genug Wasser, weder für die Menschen noch für die Tiere.

Wenn Strategien nicht mehr greifen

Ein Bericht von Richard Blane

Eigentlich haben sich die Hirtengemeinschaften, mit denen die Welthungerhilfe im Norden Kenias zusammenarbeitet, gut an die Bedingungen ihrer Heimat angepasst. Kündigt sich eine Dürreperiode an, treiben sie ihre Tiere aus einem trockenen Gebiet in eines, wo es geregnet hat und es bessere Weidegründe gibt. Wenn jedoch mehrere Jahre hintereinander zu wenig Regen fällt, greifen die bisherigen Bewältigungsstrategien nicht mehr und eine ganze Region gerät in Not.

Flachbrunnen und Stauseen trocknen aus, Hirten müssen kilometerweit laufen, um Trinkwasser für ihre Familien und Tiere zu finden, und die wenigen fruchtbaren Weideflächen reichen nicht zugleich für die nomadischen und ansässigen Gemeinschaften. Die Folgen sind fatal: Bekommen die Tiere nicht mehr genug Futter und Wasser, verschlechtert sich ihr Gesundheitszustand. Sie verlieren an Gewicht und werden anfälliger für Krankheiten, viele geben keine Milch mehr, dabei ist gerade sie eine wichtige Ressource für Kleinkinder.

Dürren sind nicht immer gleich.

In manchen zu trockenen Jahren fällt etwas Regen zur rechten Zeit und ermöglicht so trotzdem eine ausreichende Ernte. Manchmal regnet es zwar kurz, aber nicht in dem für die Landwirtschaft erforderlichen Zeitfenster. Die Bauernfamilien können so weder planen noch effektiv produzieren, viele verlieren alles, was sie investiert haben. Am schlimmsten sind lang anhaltende Dürren, die die Menschen in eine Abwärtsspirale aus Mangel und Elend ziehen – wie die der zeitige Dürre am Horn von Afrika.

Fast alle Lebensbereiche sind betroffen.

Es finden kaum noch Hochzeiten statt, weil vielen das Vieh für die Mitgift fehlt. Andererseits werden aus Not minderjährige Mädchen verheiratet, damit die Familie nicht mehr für sie aufkommen muss. Die meisten Kinder werden aus der Schule genommen, um bei den täglichen Aufgaben wie Wasser- und Feuerholzholen mitzuhelfen.

Beides braucht nun mehr Zeit, weil es schwerer zu finden ist. Zudem fehlt das Geld für Schulgebühren, Bücher und Hefte. Ein Schulleiter im Dorf Burgabo im Bezirk Marsabit erzählt uns, dass die Kinder, die noch zur Schule kommen, Schwierigkeiten haben, sich zu konzentrieren: „Sie sind müde und schwach. Man kann sehen, dass sie am Morgen nichts gegessen haben. Die Trockenheit macht die Gegend so staubig, dass alle Kinder ständig husten.“ Und er berichtet, dass immer wieder tote Tiere nahe der Schule liegen, Schafe und Ziegen, sogar Esel und ein Kamel, obwohl gerade sie die Dürre am besten aushalten.

In Burgabo erzählt uns eine junge Mutter, dass sie einen Motorradfahrer bezahlen muss, der ihnen Wasser vom weit entfernten Brunnen bringt, da ihre Esel verendet sind. Im Dorf Basele sehen wir eine Kuh, die sich in der Nähe eines Hauses hinlegt, weil sie zu schwach zum Stehen ist. Ihre Besitzer sagen, dass sie wohl nie wieder aufstehen wird. Für diese Hirtengemeinschaften, die eine so große emotionale Bindung zu ihren Tieren haben, ist es ungeheuer schwer zu sehen, wie diese leiden, wie ihre Herden und damit ihr ganzer bescheidener Wohlstand langsam vor ihren Augen sterben.

Burgabo liegt auf einer felsigen Ebene, es ist brütend heiß. Noch bevor man das Dorf erreicht, stößt man auf eine kleine Krankenstation. Davor warten Mütter mit ihren Säuglingen. Von den beiden Gesundheitshelfern erfahren wir, dass die steigende Zahl von unterernährten Müttern und Kindern im Norden Kenias in mehreren Distrikten bereits Notstandsniveau erreicht hat. Im Dorf Locheripetet in der Region Turkana hören wir, dass eine Frau mittleren Alters und zwei vierjährige Jungen an Hunger gestorben sind. Wir selbst sehen, dass sich viele Menschen nur noch von wilden Beeren und Palmnüssen ernähren, die kaum Nährwert haben.

Diese Menschen werden in den nächsten Monaten dringend humanitäre Hilfe benötigen. Die kenianische Regierung und andere Akteure vor Ort haben bereits Maßnahmen ergriffen, aber diese reichen für den enormen Bedarf bei weitem nicht aus. Unsere Teams leisten kurzfristig Bargeldhilfe, um die Menschen schnell zu unterstützen. Sie ist wertvoll, weil damit viele Bedürfnisse abgedeckt werden. Familien können Nahrungsmittel oder Futter für die Tiere kaufen, Schulgebühren bezahlen oder medizinische Hilfe in Anspruch nehmen. Langfristig unterstützen wir mit unseren Partnern die Gemeinden mit Maßnahmen zur klimaresilienten Landwirtschaft, beim Bau von Brunnen und Regenwassersammeltanks sowie bei alternativen Einkommensquellen für Hirtenfamilien, die aufgrund der Dürre keine Tierhaltung mehr betreiben können. Wir können den Regen nicht herbeizwingen – aber den Menschen beistehen, diese schwierige Zeit besser zu überstehen.

Richard Blane ist Programmleiter der Welthungerhilfe in Kenia.
Aus: Welthungerhilfe Magazin 3/202, weitere Infos unter www.welthungerhilfe.de

In Ke Koung. einem Dorf in der kambodschanischen Provinz Ratanakiri, lebt das indigene Volk der Prouv. Sie gehören zu den Bevölkerungsgruppen, deren Lebensgrundlagen durch illegale Abholzung und Landnahme durch Großunternehmen besonders gefährdet sind.

Fortschritt im Einklang mit der Natur

Ein Bericht von Sithav Phouv

Ein Projekt der *Welthungerhilfe* und ihres örtlichen Partners *Non-Timber Forest Products* arbeitet daran, gemeinsam mit den Dorfgemeinschaften und im Einklang mit der Natur gegen Hunger und Mangelernährung vorzugehen. Das beginnt bei den Jüngsten in der Schule.

Vien Lita ist stolz auf ihre indigene Herkunft. Sie ist in Ke Koung aufgewachsen und besucht eine Schule, die indigenen Jugendlichen Unterstützung bietet und dabei Bildung, Ernährung und Gesundheit miteinander verknüpft. Die Fünfzehnjährige hat schon viele Herausforderungen in ihrem Leben meistern müssen. Ihre Familie ist arm, selten reichte bisher das Essen, und es gab viele Nächte, in denen Vien Lita hungrig schlafen ging. Vor allem während der Trockenzeit bestanden die täglichen Mahlzeiten hauptsächlich aus Reis, der zwar kurzzeitig den Hunger stillte, aber keine ausgewogene Ernährung ermöglichte. Oft fühlte sich Vien Lita deshalb matt und energielos, nach dem täglichen Schulweg war sie völlig erschöpft.

Alles änderte sich, als Viens Schule und zwei weitere Schulen in Ratanakiri an einem Projekt der *Welthungerhilfe* und ihres Partners *Non-Timber Forest Products* teilnahmen. Zum ersten Mal wurde das Fach Lebenskunde in den Lehrplan aufgenommen,

an dem nun auch Vien Lita teilnimmt. Die Schüler sind begeistert von dem innovativen Konzept – praxisnah, im Freien und im Einklang mit der Natur. Immer donnerstags geht es um die Themen Ernährung, Umweltschutz, Sicherung der Landrechte und Landwirtschaft. Zunächst im theoretischen Unterricht, dann beim Anlegen eines Schulgartens als gemeinschaftliches Projekt der Schüler und Lehrer. Gelerntes setzen sie gleich in die Praxis um – so wird Bildung zu einem wichtigen Motor für positive Veränderungen.

Schnell hat sich der Schulgarten in eine üppige Oase verwandelt, in der eine Vielzahl von Gemüsesorten wächst, darunter Gurken, Bohnen, Auberginen, Kohl, Kürbis, Papaya, Zitronengras, Chili und Kopfsalat. Die jungen Menschen erlernen nicht nur wertvolle landwirtschaftliche Techniken, sondern entwickeln auch ein tiefes Verständnis für die Bedeutung der ökologischen Landwirtschaft für ihre Gesundheit. Auf ihrem Schulweg sammeln die Kinder nun fleißig Kuhmist, um ihn als organischen Dünger zu verwenden. Die Ernte dürfen sie mit nach Hause zu ihren Familien nehmen.

Auch die Eltern von Vien lita beteiligen sich aktiv an dem Projekt, insbesondere an einem Kochkurs, der im Rahmen einer neu gegründeten Ernährungsgruppe angeboten wird. Hier erlernen sie die Zubereitung von Mahlzeiten, die Lebensmittel so kombinieren, dass Nährstoffe vom Körper optimal aufgenommen werden können. Dadurch wird nicht nur Wissen in den Familien verbreitet, sondern auch der soziale Zusammenhalt gestärkt. Kinder und Eltern erfahren, dass ein Leben im Einklang mit der Natur für das allgemeine Wohlbefinden unerlässlich ist. Voller Taten drang plant die Dorfgemeinschaft, einen „Waldgarten" anzulegen. Mit dem ehrgeizigen Ziel, in dem von starker Abholzung betroffenen Gebiet über 200 Obstbäume zu pflanzen. Das verspricht eine reiche Fruchternte, bietet Lebensraum und Schutz für Tiere und stärkt zugleich die Artenvielfalt.

Vien Litas Klasse hat auch eine Volleyball- und eine Fußball-AG ins Leben gerufen, denn die Jugendlichen haben gelernt, dass zu einem gesunden Körper neben ausgewogener Ernährung auch körperliche Betätigung gehört – und dass diese Spaß macht. Das Projekt hat Vien Litas Alltag geprägt. Sie geht nicht mehr hungrig ins Bett, ist voller Energie und freut sich auf alles, was das Leben in diesem entlegenen Teil der Welt zu bieten hat. Das gilt auch für ihre Klassenkarneraden und die Dorfgemeinschaft.

Aktiv gestalten, Innovationen umsetzen und Chancen ergreifen – was in Ke Koung so viel positive Veränderung gebracht hat, wird als Vorbild für weitere Projekte dienen.

Sithav Phouv leitet das Projekt in Ratanakiri. Er arbeitet bei der kambodschanischen Organisation *Non-Timber Forest Products*, einem Partner der *Welthungerhilfe*.
Aus: Welthungerhilfe Magazin 2/2024, Weitere Infos unter: www.welthungerhilfe.de

In vielen Regionen Afrikas ist das Fleisch von Wildtieren eine wichtige Nahrungsquelle. Zunehmend wird es aber als Delikatesse auch illegal ins Ausland verkauft. Das steigert das Risiko von Zoonosen und bedroht geschützte Tierarten.

Wildfleisch: Aus Afrika frisch auf den Tisch

Ein Bericht von Laura Salm-Reifferscheidt

Aus einem Sack in einem kleinen Lagerraum über ihrem Laden in Brüssel, in dem sie Gemüse, gegrillte Fleischspieße und kühles Bier verkauft, zieht Hulda – ihr richtiger Name soll ungenannt bleiben – einen geräucherten Affen heraus. „So etwas verstecken wir immer sehr gut“, sagt die Frau, die vor 30 Jahren aus der Demokratischen Republik Kongo nach Belgien kam. In der Tiefkühltruhe hat sie auch noch Fleisch von einem Stachelschwein. „Das würde ich am liebsten jeden Tag essen“, sagt sie. Der Geschmack erinnert sie an ihre Heimat.

In vielen Regionen Afrikas ist das Fleisch von Wildtieren wie Affen, Nagern, Schlangen und Schuppentieren – häufig bushmeat oder viande de brousse genannt – eine wichtige Nahrungsquelle. Doch immer weniger Tiere werden für den Eigenbedarf gejagt, der Großteil der Beute wird verkauft. Das hat Folgen, sagt Théodore Trefon vom Africamuseum im belgischen Tervuren. Der Forscher hat im Kongo Jäger, Waldbewohner und Städter zum Thema „bushmeat“ befragt und ein Buch darüber geschrieben. Ein Jäger erzählte ihm, dass er eine Rohrratte für 35.000 Kongo-Francs, also etwa 11,50 Euro, verkaufen könne. Dafür kaufe er importiertes Tiefkühlhuhn,

Reis, Öl und ein paar andere Dinge, die seine sechsköpfige Familie eine Woche lang ernähren. „Mit anderen Worten: Er verkauft hochwertige Lebensmittel, um mit dem Geld minderwertige zu kaufen", sagt Trefon. Denn Rohrratten hätten einen hohen Nährwert und enthielten reichlich Eisen, Vitamine und Mineralstoffe. Die Leidtragenden seien die Kinder, die vor allem in ländlichen Regionen oft unterernährt seien.

Eine Händlerin, die in Brüssel ein kleines Lokal betreibt, zeigt einen aus Afrika geschmuggelten geräucherten Affen. Potenzielle Kunden werden per Whatsapp benachrichtigt und zahlen bis zu 80 Euro für die Delikatesse.

Immer mehr Wildfleisch landet inzwischen bei kaufkräftigen Kunden in den schnell wachsenden Metropolen West- und Zentralafrikas, wo es als Delikatesse gilt. Ein Teil reist noch weiter: von Kinshasa, Accra oder Douala nach Brüssel, Paris oder Amsterdam, um die Nachfrage dort lebender Afrikaner zu befriedigen. Doch das ist illegal. Außerhalb des streng reglementierten kommerziellen Handels darf aus Gesundheits- und Artenschutzgründen kein Fleisch – weder von Wild- noch von Zuchttieren – in die EU eingeführt werden.

Für die Franzosen Gift, für Afrikaner schmackhaft und gesund

Jeanne kam vor 16 Jahren aus Kamerun nach Paris, wo sie als Sicherheitskraft in einem Kaufhaus arbeitet. „Wir sind mit bushmeat aufgewachsen, wir sind stolz darauf. Aber die Franzosen mögen das Fleisch nicht, weil es so riecht. Sie sagen, es sei Gift, aber das ist es nicht. Es ist ein sehr gutes Fleisch, das sie schätzen würden, wenn sie es selbst probieren würden", sagt sie. Der rauchige Geschmack, den Jeanne so liebt, kommt daher, dass das Fell der toten Tiere über offenem Feuer verbrannt wird.

Aber es gibt noch andere Gründe, warum Wildfleisch vom afrikanischen Kontinent so beliebt ist, sagt Joseph, der in Kinshasa aufgewachsen ist und jetzt in Belgien lebt. „Für Afrikaner ist Buschfleisch wichtig, weil es natürlich ist. Es ist kein Fleisch von Zuchttieren, die geimpft, mit Vitaminen oder was auch immer gefüttert werden", sagt er. Er und Jeanne bringen von ihren Afrikareisen selbst kein Wildfleisch im Koffer mit. Aber wenn Jeanne es in Château Rouge, dem afrikanischen Viertel von Paris, findet, kauft sie es.

Das Fleisch wird auch in Brüssel in Matongé und Clemenceau, zwei Vierteln mit afrikanischen Supermärkten, Friseuren und Boutiquen, unter der Hand verkauft und in einigen Restaurants angeboten. Auf der Speisekarte steht es allerdings nicht. Die Preise sind hoch. So kostet der geräucherte Affe, den Hulda anbietet, 80 Euro. Zum Vergleich: Ein Jäger im Kongo bekommt dafür gerade mal zwei Euro, auf dem Markt in Kinshasa kostet der Kadaver um die 12 Euro. Hulda findet den hohen Preis fair: Bekannte bringen ihr die Ware per Flugzeug, Übergepäck muss bezahlt werden; und es kann passieren, dass das Fleisch am Flughafen beschlagnahmt wird.

Manchmal lässt sie es sich per Luftfracht schicken. Gerade wurde ihr eine Styroporbox geliefert, die Hulda vor ihrem Laden in Empfang nimmt. Sie zieht ein Klebeband mit der Aufschrift „checked by customs" von der Kiste. Unter einem Haufen Räucherfisch, von dem bis zu 20 Kilo legal eingeführt werden dürfen, holt sie eine Tüte mit getrockneten Fleischstücken hervor. Das sei Wildschwein, sagt die Verkäuferin. Die illegale Ware aus dem Kongo wurde vom Zoll wohl übersehen oder nicht als Fleisch erkannt.

Wie viel afrikanisches Wildfleisch tatsächlich in die EU gelangt, ist nicht bekannt. Meist handelt es sich um Zufallsfunde, kaum ein Land erhebt dazu gesonderte Daten. Bisher gibt es nur wenige Untersuchungen, etwa in Brüssel, wo hochgerechnet knapp vier Tonnen Buschfleisch pro Monat ankommen, und in Paris, wo es sogar rund 23 Tonnen sind. „Wir brauchen nicht nur mehr Forschung, sondern auch den politischen Willen, etwas zu tun", sagt Anne-Lise Chaber. Die Veterinärmedizinerin und Epidemiologin lehrt One Health an der Universität Adelaide in Australien und war an den Studien in Frankreich und Belgien beteiligt. Sie ist sich sicher, dass Wildfleisch in alle großen Städte geschmuggelt wird.

Chaber zufolge finden die Händler ihre Kunden auch über soziale Medien. Eine ihrer Doktorandinnen hat Facebook nach bushmeat-Verkäufen durchsucht. Insgesamt wurde dort das Fleisch von 25 Tierarten angeboten, darunter auch geschützte Arten wie Krokodile und Schuppentiere. Letztere sind die am häufigsten illegal gehandelten Säugetiere. „Sie hat die verschiedenen Verkäufer kontaktiert, und sie sagten, es sei kein Problem, sie könne es kaufen und sie würden es per Post schicken", sagt Chaber.

Natürlich sei der lokale Handel auf sogenannten „Wet Markets" in den Herkunftsländern des Fleisches viel größer als der internationale, sagt Chaber. Aber ihre Forschung habe gezeigt, dass mehr als 30 Prozent der beschlagnahmten Tierkadaver zu Arten gehören, die auf der Liste des Washingtoner Artenschutzübereinkommens (CITES) stehen. „Vielleicht zieht der internationale Handel besonders bedrohte Arten an, weil die einen höheren Wert haben", spekuliert die Expertin.

Fleisch vom Krokodil oder von der Ziege?

Wer mit CITES-gelisteten Tieren im Gepäck ohne entsprechende Bescheinigungen erwischt wird, muss mit einer Geldstrafe rechnen. Diese variiert je nach Land und Tierart. In Belgien kann die Strafe bis zu 50.000 Euro plus eine Haft von bis zu fünf Jahren betragen. Derart hohe Strafen werden jedoch kaum verhängt. Ein Grund: Für die Zollbeamten ist es oft unmöglich, ohne fachkundige Untersuchung festzustellen, um welches Fleisch es sich handelt. Es wird nämlich auch Hühner-, Ziegen- oder Rindfleisch geschmuggelt. Auch das ist zwar illegal, aber es drohen keine Bußgelder. Aus Gründen der Biosicherheit werden beschlagnahmte Lebensmittel so schnell wie möglich entsorgt.

Die Arbeit der Zollbeamten müsste daher vereinfacht werden. Eine Lösung wäre ein Formular, wie es ankommende Reisende in Australien ausfüllen müssen, sagt Chaber. Darauf wird angekreuzt, ob man bestimmte Lebensmittel wie Fleisch dabeihat oder nicht. Kreuzt man „Nein“ an und wird trotzdem mit solchen Lebensmitteln erwischt, muss man eine saftige Strafe zahlen, egal um welches Fleisch es sich handelt.

Um einen besseren Überblick über das nach Belgien importierte Fleisch zu bekommen und langfristig eine zentrale Datenbank für die verschiedenen beteiligten Stellen zu schaffen, hat die zuständige Behörde für Volksgesundheit, Sicherheit der Nahrungsmittelkette und Umwelt ein Projekt gestartet. Die Koordinatorin Sophie Gryseels vom Brüsseler Institut für Naturwissenschaften nimmt mit ihren Kolleginnen Proben von Fleisch, das bei Flughafenkontrollen beschlagnahmt wird. Mit Hilfe von DNA-Analysen wird dann im Labor die Tierart bestimmt. 208 Proben aus den ersten sechs Monaten des Projekts wurden bisher analysiert. Die vorläufigen Daten zeigen, dass 70 Prozent von Nutztieren wie Hühnern, Ziegen und Rindern und 30 Prozent von Wildtieren stammen. Sechs Proben waren von geschützten Tieren, darunter ein schwarz-weißer Stummelaffe, ein Baumschuppentier und ein Nilwaran.

Gesundheitsrisiken durch eingeschleppte Krankheitserreger

In einer weiteren Phase des Projekts sollen die Proben auf Viren und Bakterien untersucht werden, die eine Gefahr für die öffentliche Gesundheit darstellen könnten. „Wir wollen abschätzen, wie hoch das Risiko ist, dass exotische Krankheitserreger mit dem Wildfleisch nach Belgien eingeschleppt werden“, sagt Gryseels.

Durch die unkontrollierte Schlachtung und die langen Transportwege kann das Fleisch von Bakterien befallen sein, die zu Lebensmittelvergiftungen und anderen Krankheiten führen können. Bei Kontrollen am Flughafen finden Zollbeamte zudem häufig Maden, Fliegen und Käfer in eingeführten Lebensmitteln. Es besteht die Gefahr, dass sich die nicht einheimischen Insekten ausbreiten.

Seit der COVID-19-Pandemie sind aber vor allem die Zoonosen auf der Prioritätenliste der Regierungen nach oben gerückt. Für eine Studie des Instituts für Naturwissenschaften in Brüssel aus dem Jahr 2020 untersuchten Forscher unter anderem das Fleisch einer Brazzameerkatze, einer Affenart, das sie verdeckt in einem Geschäft gekauft hatten. Sie fanden Spuren eines Arteri-Virus. Laut Gryseels kommen diese Viren bei Affen vor, es sei aber noch nie nachgewiesen worden, dass sie Menschen infizieren können. Das ist allerdings kein Grund zur Entwarnung: Auch bei Fledermäusen werden immer wieder Corona-Viren gefunden. „Die meisten sind noch nie beim Menschen aufgetaucht, aber wenn doch, wissen wir alle, was dann passiert“, sagt die Forscherin.

Das meiste Wildfleisch, das am Flughafen beschlagnahmt wird, ist allerdings geräuchert, was Keime abtötet. Eine Krankheitsübertragung auf Menschen in Europa sei daher unwahrscheinlich, sagt Gryseels. Trotzdem müsse man das Risiko ernst nehmen, sagt Veterinärmedizinerin Anne-Lise Chaber, denn es kommt auch rohes oder schlecht geräuchertes Fleisch an. Wenn ein Stück Wildfleisch mit Ebola-Viren importiert würde und es zu einem Ausbruch in Europa käme, wäre das verheerend. Das größte Risiko für eine Übertragung eines Erregers vom Tier auf den Menschen besteht jedoch in den Herkunftsländern des Fleisches: Jäger nehmen die Kadaver aus und zerlegen sie, kommen also in engen Kontakt mit dem Blut. „Und Covid-19 war ein Paradebeispiel dafür, dass wir alle in einem Dorf leben und miteinander verbunden sind“, sagt Chaber.

Die afrikanische Diaspora einbeziehen

Ein einfaches Verbot scheint nicht auszureichen, um den Handel zu unterbinden. Umso wichtiger sei es, herauszufinden, warum manche Menschen so viel Wert auf Fleisch aus ihren Herkunftsländern legen, meint Sandrella Morrison-Lanjouw. Sie ist Expertin für EU-Biosurveillance an der Universität Utrecht und hat für eine Studie in Amsterdam lebende Ghanaerinnen und Ghanaer genau das gefragt. „Egal wie hoch die Strafe ist, egal wie hoch die Risiken sind, sie werden nicht aufhören, afrikanisches Wildfleisch zu essen", sagt sie über die Teilnehmer der Studie.

Deshalb müsse es eine Diskussion über Regeln geben, die besser funktionieren als Zollkontrollen, bei denen Fleisch nach dem Zufallsprinzip abgefangen wird. Es sei gefährlich, die afrikanische Diaspora nicht einzubeziehen, sagt Morrison-Lanjouw. Denn dadurch würden die Importmengen unterschätzt und damit auch das Wissen über mögliche Krankheitserreger. Morrison-Lanjouw weiß, wie sensibel das Thema ist, vor allem was die Stigmatisierung der Konsumenten betrifft. Schon der Begriff „bushmeat" sei hierzulande negativ besetzt und werde in den Medien meist im Zusammenhang mit Infektionskrankheiten wie Ebola genannt. Dabei sei Essen ein wichtiger Teil der Identität.

Der Verzehr von Wildfleisch hat auch eine kulturelle Dimension

Maud Istasse von der belgischen Behörde für Volksgesundheit ist sich dieser kulturellen Dimension von Wildfleisch bewusst, dennoch brauchen die Behörden einen gemeinsamen Nenner und das Importverbot verstoße nicht gegen eine bestimmte Überzeugung. Auch Menschen aus Osteuropa dürften kein Wildschwein einführen. Das sei genauso verboten. Man handele also im Interesse der Allgemeinheit. Und sie fügt hinzu, dass afrikanisches Wildfleisch kein Grundnahrungsmittel für die Menschen in Europa sei; eher ein Luxusgut, wie die hohen Preise zeigen.

Théodore Trefon vom Africamuseum wünscht sich einen offeneren Blick auf das Thema, zu oft werde der kulturelle Aspekt ausgeblendet. Es sei einfacher, auf rechtliche und institutionelle Rahmenbedingungen zu schauen als auf soziale Normen. „Es ist mehr als Geld. Es ist mehr als Familie. Es ist mehr als Tradition. Es ist mehr als Essen. Es sind alle möglichen Dinge zusammen", sagt der Forscher. Und deshalb verfolge er einen ganzheitlichen Ansatz, der die sich überschneidenden Motive für den Wildfleischkonsum in den Blick nimmt.

Die Gründe für den Verzehr von afrikanischem Wildfleisch in Europa sind ähnlich vielfältig wie in West- und Zentralafrika. Patient, der aus der Demokratischen Republik Kongo kommt, möchte zum Beispiel, dass seine in Belgien geborenen Kinder ihre Wurzeln kennen und den Bezug zu ihrer Heimat nicht verlieren. So kommt die Familie regelmäßig zusammen, um traditionelle Gerichte zu essen, auch solche mit Wildfleisch. „Wir versuchen immer, ihnen zu zeigen, wo wir herkommen, damit sie auch unsere Werte verstehen", sagt Patient und fügt hinzu: „Unsere Kinder wachsen mit zwei Kulturen auf: Sie sind kleine Belgier, aber sie bleiben Afrikaner."

Diese Recherche wurde vom Journalismfund Europe unterstützt.
erschienen in welt-sichten Ausgabe 4/2024, weitere Infos s.S. 226

Obwohl sich die Wirtschaft in Indien zunehmend diversifiziert, prägt die Landwirtschaft weiter die Politik. Denn die Agrarreformen haben viele Kleinstbauern und landlose Arbeiter hervorgebracht und sorgen vor allem auf dem Land für Unmut.

Indiens Bauern protestieren wieder

Eine Analyse von Satendra Kumar

Als in Indien von April bis Juni 2024 ein neues Parlament gewählt wurde, haben vor allem die Wähler auf dem Land die Geschicke der Regierungspartei bestimmt: Die Bharatiya Janata Party (BJP) von Premierminister Narendra Modi hat ihre Mandate in einem Drittel der ländlichen Wahlkreise verloren. Die Politik der von der BJP geführten Regierung fand bei der ländlichen Wählerschaft offenbar keinen Anklang – besonders nicht bei den von COVID-19-Krise und steigender Inflation gebeutelten Landwirten und Arbeitern.

Im September 2020, während der Pandemie, hatte die Modi-Regierung ohne jede Debatte im Parlament drei umstrittene Landwirtschaftsgesetze verabschiedet. Wären sie umgesetzt worden, dann hätten sie den staatlichen Ankauf von Agrarprodukten geschwächt, den Einstieg des Großkapitals in Vertragslandwirtschaft und Vermarktung erleichtert und das öffentliche Verteilungssystem am Ende abgeschafft. Unter diesem Programm zur Ernährungssicherung ist die Bundesregierung für die Beschaffung, die Lagerung, den Transport und die Zuteilung von Getreide an die Regierungen der Bundesstaaten zuständig.

Die Bauern waren der Ansicht, dass diese Agrarreformen sie der Gnade von Konzernen ausgeliefert hätten, die in den indischen Agrarsektor einsteigen wollten. Sie fürchteten, dass sie letztlich ihr Land verlieren würden – und damit ihr wichtigstes Vermögen und die Grundlage ihres kulturellen Erbes, ihres Selbstwertgefühls und ihres Lebensunterhalts. Von September 2020 an haben indische Bauern deshalb über ein Jahr lang gegen die Gesetze protestiert, bis sie schließlich zurückgenommen wurden. Im Februar 2024 sind die Bauern auf die Straße zurückgekehrt, um einen Mindeststützungspreis für ihre Ernten zu fordern.

Mit der Grünen Revolution kamen neue Anbautechniken

Obwohl andere Wirtschaftssektoren stark wachsen und die Verstädterung rasch voranschreitet, prägen die Landwirtschaft und die Landwirte weiterhin die indische Politik, wie die Wahlen gezeigt haben. Die Gründe liegen in der Struktur des Sektors. Um seine Abhängigkeit von Nahrungsmittelhilfe aus den USA zu verringern, hat Indien in den 1960er Jahren die Grüne Revolution eingeführt: Viele Schritte zum Forschungs- und Technologietransfer zielten darauf ab, die Nahrungsmittelproduktion mit Hilfe von chemischen Düngemitteln, Pestiziden und intensiver Bewässerung zu steigern. Diese Anbautechniken benötigten mehr Ressourcen als die traditionellen, so dass Bauern stärker von Produktionsmitteln abhängig wurden, die Geld kosten.

Die neuen Techniken wurden zunächst nur in wenigen Regionen angewandt. Als geeignet sah man die fruchtbaren und gut bewässerten Teile Nordwest- und Südindiens an, weil man dort im kolonialen sowie im unabhängigen Indien schon Erfahrungen mit groß angelegter Bewässerung und anderen öffentlichen Investitionen gemacht hatte. Um die Grüne Revolution zu beschleunigen, subventionierte der indische Staat landwirtschaftliche Inputs wie

Dünger, gab Bauern günstige Kredite und stützte die Preise der wichtigsten Erzeugnisse; das Getreide wurde dann zu subventionierten Preisen über das öffentliche Verteilungssystem verkauft. Mit der Kombination dieser Maßnahmen konnte Indien seit den 1970er Jahren die Produktion steigern, große Nahrungsmittelengpässe verhindern und seine Abhängigkeit von US-Hilfe verringern.

Eine Klasse von wohlhabenden Landwirten entstand

Die von der Grünen Revolution eingeführte industrielle Landwirtschaft hat Wohlstand auf das Land gebracht und eine Klasse von reichen Landwirten geschaffen – vor allem aus bestimmten Kastengruppen wie etwa den Jats in den Bundesstaaten Punjab, Haryana und Uttar Pradesh, den Marathas in Maharashtra und den Reddys und Kammas in Andhra Pradesh. Die Bauernverbände dieser Kasten forderten in den 1980er Jahren mehr Subventionen für Dünger, Pestizide und Elektrizität und entwickelten sich zu einer mächtigen politischen Kraft namens New Farmers‘ Movement. Sie ignorierten jedoch die Interessen anderer Gruppen wie die der landlosen Arbeiter, Frauen und Dalits.

Das von der Grünen Revolution angetriebene Wachstum in der Landwirtschaft verringerte die Kluft zwischen Stadt und Land, vergrößerte aber die Ungleichheiten in der ländlichen Gesellschaft in Bezug auf Kaste und Geschlecht. Zum Beispiel sind die meisten Landbesitzer in Nordwest-Indien männliche Jats, während die Dalits den Großteil der landlosen Arbeitskräfte stellen. Und das von der Grünen Revolution bewirkte Wachstum hielt nicht lange an: Obwohl immer mehr Düngemittel, Pestizide und landwirtschaftliche Maschinen eingesetzt wurden, ging die landwirtschaftliche Produktion in den 1990er Jahren zurück.

Umweltkrisen und Ungleichheit im ländlichen Raum

Vor allem aber führte das Modell zu Umweltkrisen: Es erschöpfte und verschmutzte das Grundwasser, tötete nützliche Insekten, ließ neue Schädlinge entstehen und machte mit Monokulturen Böden unfruchtbar. Wirtschaftliche Verelendung folgte auf ökologische Degradation. Die Grüne Revolution erwies sich als nicht nachhaltig. Die von ihr hervorgerufenen Agrarkrisen und die Ungleichheit im ländlichen Raum wurden von der wirtschaftlichen Liberalisierung seit Anfang der 1990er Jahre noch verstärkt. Die Regierung der Kongresspartei kürzte die Agrarsubventionen drastisch und fuhr die öffentlichen Investitionen in die Landwirtschaft herunter. Dies führte zu wachsender Verschuldung von Bauern, Vertragslandwirtschaft im Dienste beispielsweise multinationaler Unternehmen wie Pepsi und Cargill sowie zu Landraub. Der Staat riss sich fruchtbares Ackerland unter den Nagel und richtete im ganzen Land Sonderwirtschaftszonen ein oder übertrug die Böden für Entwicklungsprojekte wie Immobilien und Vergnügungsparks an indische und multinationale Unternehmen. All das schwächte auch die reichen Bauern als politische Kraft.

In den vergangenen drei Jahrzehnten mussten viele bäuerliche Haushalte einen Statusverlust hinnehmen. Der ländliche Raum wird heute zunehmend von Klein- und Kleinstbauern geprägt, die über 86 Prozent der ländlichen Haushalte ausmachen. Ihr Einkommen ist zu gering, um ihre Ausgaben zu decken, insbesondere die für Bildung und Gesundheit – Sektoren, die seit den frühen 1990er Jahren schrittweise privatisiert wurden. Die durchschnittliche Größe der Agrarbetriebe ist auf gerade einen Hektar geschrumpft. Und der Beitrag der Landwirtschaft zum Bruttoinlandsprodukt ist von fast 60 Prozent in den frühen 1980er Jahren auf etwa 14 Prozent 2020 gesunken; das zeigt den Übergang zu einer stärker diversifizierten indischen Wirtschaft.

Die Liberalisierung hat eine große Mehrheit von Klein- und Kleinstbauern sowie landlosen Arbeitern hervorgebracht, die zeitweise auch in der Stadt arbeiten, aber auch kleine Inseln von Mittelschichtangehörigen und Reichen auf dem Land. Es ist akzeptiert, dass eine relativ kleine Gruppe wohlhabender Landwirte Gewinn macht und im Agrarbetrieb Lohnarbeiter beschäftigt. Doch diese wohlhabenden Landwirte investieren ihre Überschüsse lieber in Geschäftsfelder wie Transport, Ziegelherstellung oder Lebensmittelgeschäfte.

Sowohl selbstständige Produzenten als auch Lohnarbeiter

Die meisten Kleinstbauern besitzen Land, Werkzeuge und Maschinen, und auf ihren Höfen arbeiten hauptsächlich Familienmitglieder, für Ernte und Aussaat manchmal auch Saisonarbeiter. Kleinstbauern sind auf ein Arbeitseinkommen außerhalb der Landwirtschaft angewiesen, besonders wenn sie weniger als einen Hektar Land besitzen. Ihre wichtigste Einkommensquelle ist Lohnarbeit, zum Beispiel auf Baustellen, in Restaurants oder als Packer von Lkws. Die Einnahmen daraus sind aber unregelmäßig und auch unsicher. Diese Kleinstbauern sind zwar eng mit dem Land verbunden und fühlen sich ihrer Kaste zugehörig, aber sie sind sowohl selbstständige Produzenten als auch Lohnarbeiter.

Dieser Wandel hat in der ländlichen Gesellschaft zu neuen sozialen und politischen Spannungen geführt. Zum Beispiel waren in Punjab, Haryana und im westlichen Uttar Pradesh die Bauern mit Landbesitz früher Schutzherren für landlose Arbeitskasten, die ihnen dienten; so waren Jat und Sikh, die Hindus oder Muslime sein können, Patrone für Arbeitskräfte, die großenteils Muslime oder Dalits sind. Im Rahmen des Patron-Klient-Verhältnisses leisteten Handwerker-Kasten, in der Regel landlose oder marginalisierte Bauern, jeden Tag Dienste – sie reparierten etwa landwirtschaftliche Geräte, schnitten Haare oder wuschen Kleidung – und erhielten dafür einen Anteil an den Agrarerzeugnissen des Patrons. Seit aber vor allem Kleinstbetriebe verbreitet sind, reicht deren Produktion nicht mehr aus, um den wachsenden Bedarf sowohl der Landbesitzenden als auch ihrer Bediensteten zu decken. Dies hat zum Zusammenbruch des Patron-Klient-Systems geführt.

Patrone und ihre Klienten konkurrieren nun miteinander

Davor hatten Landbesitzer und ihre Bediensteten zwar unterschiedliche Interessen, waren aber voneinander abhängig; nun hatten sie konkurrierende Interessen. Als in den 1990er Jahren regional und in Kasten verankerte Parteien damit begannen, benachteiligte Kastengruppen zu mobilisieren und so die Wahlbeteiligung zu erhöhen, ergab sich eine politische Rivalität zwischen Patronen und ihren Klienten: Beide Gruppen konkurrieren nun um Bildung und Arbeitsplätze in der neuen Wirtschaft.

Diese Veränderungen sind nicht nur im Nordwesten Indiens zu beobachten. Der Zusammenbruch der Patron-Klient-Beziehungen und das Aufkommen nicht agrarischer Erwerbszweige haben auch die Landgebiete in den südlichen Bundesstaaten erfasst. Sie schaffen aber nicht so schnell Arbeitsplätze, dass sie die überschüssigen landwirtschaftlichen Arbeitskräfte und die Landjugend aufnehmen könnten.

Während der Grünen Revolution haben zudem öffentliche Investitionen in die Bildung zu einem sprunghaften Anstieg des Schulbesuchs in Indien geführt; das begann Mitte der 1960er Jahre und beschleunigte sich in den Jahrzehnten danach. Wachsender Wohlstand und die Mechanisierung der Landwirtschaft ermöglichten es Bauern und Arbeitern, ihre Kinder in die Schule zu schicken. Mehr als 95 Prozent der Kinder in Indien haben heute eine Schulbildung, 1951 lag die Alphabetisierungsrate noch bei 18,3 Prozent. Die Söhne und Töchter von Bauern und Arbeitern suchten sich nach dem Schulbesuch bezahlte Arbeit. Viele Söhne wohlhabender Landwirte und aus den herrschenden Kasten traten in die Armee oder in die Polizei ein oder wurden bis Anfang der 1990er Jahre Lehrer an staatlichen Grundschulen. Nach der Liberalisierung der Wirtschaft aber schrumpften die Möglichkeiten im öffentlichen Sektor; das zwang die Landjugend quer durch alle Schichten, sich um Jobs in der Privatwirtschaft zu bemühen. Doch sie waren schlecht gerüstet für die Konkurrenz von jungen Leuten aus städtischen Berufen, die die lukrativsten Posten besetzten.

Das Wirtschaftswachstum hat eine verzerrte Entwicklung gebracht

So haben die Wirtschaftsreformen und die rasche Verstädterung zwar neue Möglichkeiten geschaffen, aber auch eine neue Kluft zwischen dem ländlichen und dem städtischen Raum und zwischen der Landwirtschaft und anderen Sektoren aufgerissen. Die Ungleichheiten zwischen den Kasten und beim Landbesitz sorgen für ungleichen Zugang zu Erwerbschancen außerhalb der Landwirtschaft und in der Stadt. Die Schere zwischen wohlhabenden Landwirten aus den herrschenden Kasten und landlosen Dalit-Arbeitern besteht weiter und hinzu kommt nun die Benachteiligung des ländlichen Raums insgesamt.

Indiens hohes Wirtschaftswachstum hat eine verzerrte Entwicklung gebracht: Die Reichen wurden reicher, während die Armen wenig profitierten oder ihr Einkommen gar stagnierte. Die Beschäftigung hat nicht annähernd so schnell zugenommen wie die Nachfrage nach Arbeitsplätzen in der wachsenden Bevölkerung. Das viel gepriesene Wachstum des Dienstleistungssektors seit Anfang der 1990er Jahre hat keine angemessenen Arbeitsplätze geschaffen. Stattdessen ist die informelle Beschäftigung aufgeblüht. Die aber kann die Landbevölkerung nicht aus ihrer Abhängigkeit von Land und Landwirtschaft befreien.

In den vergangenen Jahren haben sich verschuldete Landwirte und Landarbeiter in ein Heer von Bauarbeitern, Taxifahrern, Haushaltshilfen, Straßenverkäufern, Kurierfahrern, Ladengehilfen, Wachleuten, Dienstboten, Wäscherinnen und Lkw-Packern verwandelt. Mehr als 85 Prozent aller neuen Arbeitsplätze sind im informellen Sektor und bieten in der Regel weder einen schriftlichen Vertrag noch Arbeitsplatzsicherheit oder vernünftige Gesundheits- und Altersvorsorge. Der Lohn steigt in der Regel nicht, und Aufstiegsmöglichkeiten sind begrenzt und ungewiss. Die Träume der Landjugend von besserer Beschäftigung zerplatzen auf einem Markt voll schlecht bezahlter und unsicherer Jobs. Muslime, Dalits und Frauen sind aufgrund zählebiger Vorurteile nach wie vor besonders benachteiligt. Sie sind in den modernen Berufen unterrepräsentiert, zumal die Zahl der gut bezahlten Stellen nur geringfügig gestiegen ist.

Die Landbevölkerung ist zurück auf der politischen Bühne

Arbeit außerhalb der Landwirtschaft löst Familien jedoch selten ganz aus der Landwirtschaft oder dem Dorf. Sie sind weiter auf die sozialen Netzwerke auf dem Land, die landwirtschaftliche Produktion und Lieferungen aus den Dörfern angewiesen wie Weizen, Reis, Linsen und Speiseöl. Immer mehr Familien verdienen ihren Unterhalt mit einer Vielzahl von Beschäftigungen und ortsübergreifend – in der Landwirtschaft und außerhalb, auf dem Land und in der Stadt, formell und informell.

Das ländliche Indien ist heute zersplittert und vielschichtig, zusammengehalten und zerrissen von abgestuften Ungleichheiten von Kaste, Klasse und Geschlecht und geformt von Stadt-Land-Verbindungen und globalem Kapital. Die Verlagerung von der landwirtschaftlichen zur außerlandwirtschaftlichen Arbeit und von der ländlichen zur städtischen Lebensweise sowie die Mobilität zwischen Land und Stadt haben nicht nur die ländliche Gesellschaft fragmentiert – sie haben auch die ländliche und bäuerliche Identität ausgehöhlt.

Läuten die Wahlen von 2024, bei denen Landwirte den politischen Aufstieg der BJP gestoppt haben, einen Wandel ein Wähler vom Land in wichtigen Agrarstaaten und -regionen wie Punjab, Haryana und Uttar Pradesh haben sich gegen die Agrarpolitik der BJP gewandt und diesmal vor allem als Landwirte abgestimmt. Die Ergebnisse der Parlamentswahlen von 2024 bringen Bauern und die arme Landbevölkerung zurück auf die nationale politische Bühne und geben so nicht nur der indischen Demokratie neuen Schwung – sie führen auch die Bedeutung der Landwirtschaft vor Augen.

Der Autor Satendra Kumar ist Soziologe und Ethnologe und forscht zu Klassen, Kasten und der ländlichen politischen Ökonomie in Indien, zurzeit am Institut für Orientalistik und Asienwissenschaften der Universität Zürich.
Aus dem Englischen von Anja Ruf. Aus welt-sichten 4/2024, weitere Infos s.S. 226

Weltläden – anders als andere

Weltläden sind die Pioniere des Fairen Handels. Seit über 40 Jahren verkaufen sie fair gehandelte Produkte aus den Ländern des Südens. Angefangen haben sie an Tapeziertischen und mit einfachster Ausstattung – heute entwickeln sie sich mehr und mehr zu Fachgeschäften des Fairen Handels. Mittlerweile gibt es etwa 800 Weltläden in Deutschland und rund 2500 in ganz Europa.

Fairness statt Marktmacht

Anders als im konventionellen Handel stehen im Fairen Handel die Menschen im Vordergrund. Der Faire Handel sichert den Produzenten ein adäquates und stabiles Einkommen, sorgt für menschenwürdige Arbeitsbedingungen und berät die Produzenten, z.B. bei der Umstellung auf biologischen Anbau. So ermöglicht der Faire Handel den Menschen im Süden den Aufbau einer zukunftsfähigen Existenz.

Den Kunden bieten die Weltläden ein breites Sortiment hochwertiger Produkte: von Lebensmitteln wie Kaffee, Tee, Honig und Schokolade über Musikinstrumente, Schmuck und Kunsthandwerk bis hin zu Textilien und Holzspielzeug. Etwa 70 Prozent der fair gehandelten Lebensmittel sind außerdem biologisch angebaut.

Politische Kampagnen

Neben dem Verkauf beteiligen sich Weltläden an politischen Kampagnen. Jedes Jahr am zweiten Samstag im Mai machen Weltladen im Rahmen des Weltladentags/World Fair Trade Day auf ein politisches Thema aufmerksam. Sie haben zum Ziel, den internationalen Handel gerechter zu gestalten, damit die Länder des Südens eine faire Chance auf dem Weltmarkt bekommen.

Denn so, wie die Regeln jetzt sind, benachteiligen sie die Länder des Südens nicht nur. Sie stellen geradezu eine Gefahr für Millionen von Kleinbauern dar. Denn ihre Produkte können teilweise nicht mit den Waren konkurrieren, die von den Ländern des Nordens hoch subventioniert werden und ihre Märkte überschwemmen. So untergräbt die Subventionspolitik der Industrieländer nicht nur die Bemühungen vieler Entwicklungsländer, sondern auch die eigene Entwicklungspolitik.

Gerechtigkeit

Weltläden praktizieren etwas, von dem andere nur reden: Gerechtigkeit. Mit dem Verkauf fair gehandelter Produkte tragen sie ganz konkret zur Verbesserung der Lebens- und Arbeitsbedingungen der Menschen in den Ländern des Südens bei. Damit ist auch jeder Einkauf im Weltladen ein ganz konkreter Beitrag zu mehr Gerechtigkeit – praktisch und politisch.

Weltläden – anders als andere

Weitere Informationen gibt es unter www.weltladen.de.

Weltladen
anders als andere

Adressen der Weltläden

Viele Leute, die sich für die Eine Welt interessieren, wissen nicht, wo in ihrer Nähe ein Weltladen zu finden ist, weil sich die häufig ehrenamtlich und nebenberuflich betriebenen Weltläden die Miete in teuren Geschäftslagen nicht leisten können.

Das folgende, nach Postleitzahlen geordnete Verzeichnis enthält die Anschriften einiger Weltläden mit den jeweiligen Telefonnummern, sofern uns diese angegeben wurden. Viele Weltläden sind nicht ganztägig, sondern nur zu bestimmten Zeiten geöffnet, sodass es nützlich sein kann, vorher anzurufen und nach den Öffnungszeiten zu fragen.

Das folgende Verzeichnis ist nicht vollständig, denn einerseits konnten wir unsere Anfrage nur an die Läden richten, die uns bekannt sind, andererseits haben wir auch nur die Läden in das Verzeichnis aufgenommen, die mit der Veröffentlichung ihrer Adresse ausdrücklich einverstanden waren. Unsere briefliche Anfrage diesbezüglich findet immer im Sommer statt, sodass einige Läden möglicherweise urlaubsbedingt nicht antworten konnten.

Weltladen-Dachverband:
55116 Mainz, Ludwigstr. 11,
Tel.: 06131/68907-85, Fax: -99
www.weltladen.de

01067 Dresden, LadenCafé aha, Weltladen und Vollwertrestaurant, Kreuzstraße 7, 0351/4960671

01069 Dresden, CONTIGO Dresden, fair trade shop, Prager Straße 2

01097 Dresden, LadenCafé aha, Weltladen und Naturtextilien, Obergraben 2

01109 Dresden, F.A.I.R.E. Warenhandels eG, Radeburger Straße 172, 0351/8892380

01159 Dresden, Quilombo „Eine Welt"-Laden, Schillingstraße 7/Ecke Reisewitzer, 0351/4221123

01445 Radebeul, Eine-Welt-Laden, Altkötzschenbroda 32

01558 Großenhain, Eine-Welt-Laden, Klostergasse 26

01662 Meißen, faire Welt Meissen, Markt 10, 03521/4568918

01877 Bischofswerda, Eine Welt Laden „Pax et Bonum", Kirchstraße 8, 01515/1097632

01968 Senftenberg, Eine-Welt-Laden Kranich e. V., Markt 19

02625 Bautzen, Eine-Welt-Verein und Laden, Fleischmarkt 5, 03591/490042

02681 Schirgiswalde, Eine Welt für alle e.V., Weltladen, Hauptstraße 7, 03592/542902

02747 Herrnhut, FAIRhandlung Brüdergemeinde Herrnhut, Zinsendorfplatz 1

02796 Johnsdorf, Weltladen „Gaja", Auf der Heide 25

02826 Görlitz, Tierra – Eine Welt, Elisabethstraße 10/11

02906 Niesky, „Cabana" Eine-Welt-Laden, Zinzendorfplatz 17

02943 Weißwasser, Eine-Welt-Laden, Kirchstraße 2

02997 Hoyerswerda, Aktion Eine Welt, Bonhoefer Straße

03046 Cottbus, Eine-Welt-Laden Cottbus e. V., Straße der Jugend 94, 0355/790234

04109 Leipzig, Weltladen Connewitz, Burgstraße 1-5

04229 Leipzig, Weltladen Connewitz, Zschochersche Str. 16

04277 Leipzig, Weltladen Connewitz, Bornaische Straße 18, 0341/3010143

04924 Bad Liebenwerda, Ev. Kirchengemeinde, Markt 24

06108 Halle, Weltladen, Rannische Straße 18, 0345/2901049

06844 Dessau, Eine-Welt-Laden, Kurt-Weil-Straße 2

07318 Saalfeld, Weltladen Saalfeld, Knochstraße 1

07546 Gera, Kath. Pfarramt St. Elisabeth, Kleiststraße 7

07743 Jena, Eine-Welt-Fairein Jena, Unterm Markt 13

08280 Aue, Aktion Eine Welt e. V., Fleischmarkt 5, 03771/735501

08289 Schneeberg, Eine Welt & Ökoladen, Karlsbader Straße 18

08309 Eibenstock, Eine-Welt-Laden, Schneeberger Straße 1a

08485 Lengenfeld, Weltladen, Kirchplatz 2

08523 Plauen, EineWeltLaden, Marktstrasse 2

09111 Chemnitz, faire Welt Chemnitz, Straße der Nationen 12, 0371/44479888

09380 Thalheim, BUNDer Weltladen, Anton-Günther-Straße 11

09405 Zschopau, Weltladen akelei, Rudolf-Breitscheid-Straße 22

09496 Marienberg, Weltladen, Markt 14, 03735/266907

09599 Freiberg, FAIRkauf Ladencafé, Thielestraße 5, 0371/1662239

10247 Berlin, Eine Welt Stand, Samariterstraße 27

10249 Berlin, Ev. Auferstehungsgemeinde, Friedenstraße 83

10405 Berlin, Baobab Infoladen Eine Welt, Greifswalder Straße 4

10405 Berlin, Weltladen ZeichenDerZeit,
Wörther Straße 28, 030/65075586

10551 Berlin, Weltladen, Oldenburger Straße 46

10555 Berlin, Heilandskirche, Thusnelda Allee 1

10719 Berlin, A Janela – Weltladen, Emser Str. 45, 030/88680877

10781 Berlin, Der Laden, Barbarossastraße 65

10823 Berlin, Girasol – Dritte Welt Laden, Eisenacher Straße 71, 030/7811584

10827 Berlin, DW Crellemarkt, Crellestraße 38

10997 Berlin, Weltladen in der Emmaus-Kirche, Lausitzer Platz 8a, 030/61693130

12045 Berlin, Ev. Kirchengemeinde Martin-Luther, Laden, Fuldastraße 50

12305 Berlin, Dritte Welt Laden, Rackebueller Weg 64

12437 Berlin, Weltladen Baumschulenweg, Baumschulenstraße 83

12524 Berlin, Weltladen in der Pfarrkirche, Schimerstraße 3a

12555 Berlin, Weltladen Köpenick, Bahnhofstraße 9

12587 Berlin, Die Zwickmühle, Bölschestraße 135, 030/64091044

12627 Berlin, Eine Welt Laden im Ev. Gemeindezentrum, Glauchauer Straße 7
13187 Berlin, Weltladen Pankow, Breite Straße 39b
13189 Berlin, Eine-Welt-Stand der Hoffnungskirche, Hallandsstraße 9
13347 Berlin, Weltladen Nazareth, Nazarethkirchstraße 50
13353 Berlin, Weltladen Wedding, Nazarethkirchstraße 50
13505 Berlin, Ev. Kirchengemeinde, Schwarzspechtweg 1-3
13507 Berlin, Karin Frankenfeld, Eisenhammerweg 12
13597 Berlin, Welt-Laden Spandau, Reformationsplatz 7, 030/3319781
13627 Berlin, Weltladen der Sühne Christi Kirchengemeinde, Toeplerstraße 6
13629 Berlin, Dritte Welt Laden., Schuckertdamm 338
14055 Berlin, Dritte Welt Laden, Tannenbergallee 6
14195 Berlin, Dritte-Welt-Laden, Pacelliallee 61, 030/84315432
14467 Potsdam, Aktionsladen, Gutenbergstraße 77
14467 Potsdam, Madia-Arbeitskreis 2/3 Welt, Lindenstraße 47
14480 Potsdam, StadtteilLaden im Kirchsteig, Anni-von-Gottberg-Straße 14
14513 Teltow, Weltladen Teltow, Eine Welt Angebot, Feldstraße 24, 03328/41921
14612 Falkensee, Weltladen Falkensee, Bahnhofstraße 61
14712 Rathenow, Eine-Welt-laden, Kirchplatz 11
14772 Brandenburg, Weltladen Brandenburg, Hauptstraße 66
14776 Brandenburg, faier Welt Brandenburg, Hauptstraße 66, 03381/7947877
14913 Jüterbog, Eine-Welt-laden, Triftstraße 76
15517 Fürstenwalde, Eine Welt Projekt, Dopmplatz 4
15230 Frankfurt/Oder, Weltladen Puerto Alegre, Carl-Philipp-Emanuel-Bach-Straße 20, 0335/530285
15711 Königs Wusterhausen, Eine-Welt-Laden, Maxim-Gorki-Straße 30
15859 Storkow, Eine Welt Laden, Am markt 33
16225 Eberswalde, Ev. Stadtkirche, Kirchstraße 7
16321 Bernau, Fair in Bernau, Marktplatz 3 HH
16244 Schorfheide, Eine-Weltladen „Solidario“, Schlossstraße 9, 03335/326988
16348 Wandlitz, Ev. Kirchengemeinde, Prenzlauer Straße 13, 01514/1244025
16515 Oranienburg, Weltladen Oranienburg, Bernauer Straße 24, 03301/6818961
16321 Bernau, Eine-Welt-Laden, Marktplatz 3, 03338/9039901
16928 Pritzwalk, Weltladen, Kirchstraße 1
17033 Neubrandenburg, „Eine Welt – Nueva Espranza“ Weltladen, 2. Ringstraße 203, 0170/1827996
17207 Röbel, Weltladen Müritz, Straße des Friedens 39
17235 Neustrelitz, Weltladen Neustrelitz, Töpferstraße 13
17268 Templin, Weltladen, Martin-Luther-Straße 7, 03987/202752

17438 Wolgast, Eine-Welt-Laden, Lange Straße 11, 03836/231609

17489 Greifswald, Weltladen, Lange Straße 49 im „St. Spiritus“, 0176/62529085

17268 Templin, Eine-Welt-Laden, Martin-Luther-Straße 7

8055 Rostock, Weltladen Rockstock im Ökohaus, Hermannstraße 36

18237 Güstrow, Weltladen Güstrow, Markt 22

19055 Schwerin, Weltladen Schwerin, Puschkinstraße 18, 0385/712290

19288 Ludwigslust, Weltladen Ludwigslust, Schlossstraße 33

19336 Bad Wilsnack, Eine-Welt-Laden, Großen Straße 55

19370 Parchim, Weltladen Parchim, Mühlenstraße 40

21073 Hamburg, Weltladen Harburg, Hölertwiete 5, 040/30702718

21423 Winsen (Luhe), Eine-Weltladen-Winsen, Schanzenring 8, 04171/6682494

21614 Buxtehude, Weltladen Buxtehude, St.-Petri-Platz 7, 04161/54808

22045 Hamburg, Weltladen Hamburg-Tonndorf, Köpenicker Straße 49, 040/6731789

22175 Hamburg, Weltladen Bramfelder Laterne, Berner Chaussee 58, 040/6415023

22559 Hamburg, Eine Welt Weltladen Rissen, Rissener Dorfstraße 49, 040/877794

22761 Hamburg, Süd Nord Kontor, Fair Handelszentrum Nord, Stresemannstraße 374, 040/8506133

22765 Hamburg, Weltladen Ottensen, Bahrenfelder Straße 176, 040/53026265

24103 Kiel, Weltladen, Wilhelminenstr. 51, 0431/90889938

24211 Preetz, Weltladen Preetz, Kirchenstraße 40, 04342/9130

24226 Heikendorf, Weltladen Heikendorf, Neuheikendorfer Weg 4, 0431/90889938

24534 Neumünster, Weltladen, Holstenstraße 4, 04321/2648648

24768 Rendsburg, Weltladen, Nienstadtstraße 9, 04331/7706333

24837 Schleswig , Weltladen am Kornmarkt, Kornmarkt 7, 0159/08607424

25899 Niebüll, Weltladen Niebüll, Hauptstraße 38

25938 Wyk, „Glockenboden“ Weltladen, Nicolaistraße 10, 04681/741420

26122 Oldenburg, Weltladen Oldenburg, Kleine Kirchenstraße 12, 0441/2197284

26188 Edewecht, Weltladen, Hauptstraße 90, 04405/4777

26409 Wittmund, Eine Welt Laden, Drostenstr. 21

26441 Jever, Weltladen im Glockenturm, Am Kirchplatz 13, 04461/9338-22

26465 Langeoog, Eine-Welt-Laden Langeoog, Haus der Kirchengemeinde, Hauptstr. 13

26474 Spiekeroog, Eine Welt Laden Sylvia Modes, Norderkoog 29, 04976/2014717

26506 Norden, Weltladen in der Ludgeri-Kirche, Am Markt 37

26655 Westerstede, Eine Welt Laden, Peterstr. 8, 04488/528552

26721 Emden, Weltladen, Boltentorstraße 2, 04921/23698

26826 Weener, Eine-Welt-Laden, Norderstr. 44, 04951/915475

26831 Bunde, Weltladen Bunde, Kirchring 40

27239 Twistringen, Eine Welt Laden, Steller Str. 2

27283 Verden, Eine Welt Laden „Ölzweig", Lugenstein 9, 04221/935630

27305 Bruchhausen-Vilsen, Weltladen, Bahnhofstraße 50, 04252/3288

27476 Cuxhaven, Weltladen, Robert-Dohrmann-Platz 3, 0160/95210621

27749 Delmenhorst, Ökumene Weltladen Delmenhorst, Bahnhofstraße 38, 04221/5845393

27777 Ganderkesee, Weltladen, Rathausstraße 19, 04222/8058901

28195 Bremen, CONTIGO Fair Trade Shop, Katharinenstraße 12-14

28201 Bremen, Eine-Welt-Aktion Bremen e. V., Kornstraße 283, 0421/5579678

28203 Bremen, Weltladen Bremen, Ostertorsteinweg 90, 0421/7949699

29221 Celle, Weltladen, Zöllnerstraße 17, 05141/214791

29320 Hermannsburg, Weltladen, Ludwig-Harms-Haus, Harmsstr. 2, 05052/69400

29410 Salzwedel, Fair-Handels-Gruppe, An der Katharinen Kirche 1

29451 Dannenberg, Eine Welt Laden – Die Brücke, An der Kirche 7a, 05861/4658

30451 Hannover, AllerWeltsLaden, Fachgeschäft für fairen Handel, Limmerstraße 44, 0511/2108887

30890 Barsinghausen, Eine Welt-laden e. V., Marktstr. 14, 05105/5829988

31134 Hildesheim, El Puente e. V. Weltladen Hildesheim, Scheelenstraße 21, 05121/37745

31157 Sarstedt, Mundo Lindo, Mühlenstraße 2, 05069/65466

31224 Peine, Weltladen Peine, Stedersdorfer Straße 5, 05171/487458

31535 Neustadt, Weltladen Asseitun – der Ölzweig, Leinstraße 28, 05032/66171

31655 Stadthagen, Weltladen, Am Kirchhof 5, 05721/71809

31785 Hameln, Q'Antati Weltladen, Emmernstraße 6, 05151/44208

32105 Bad Salzuflen, Weltladen auf dem Salzhof, Blücherstr. 12, 05222/4217

32257 Bünde, Eine Welt Laden Salida, Bahnhofstraße 37, 01575/9649641

32423 Minden, Weltladen, Brüderstraße 3

32676 Lügde, Eine Welt Laden „Die Brücke", An der Stadtmauer 2

32756 Detmold, Eine Welt Laden Alavanyo, Bruchstr. 2a, 05231/32659

33098 Paderborn, Kaffeebohne e. V., Weltladen La Bohnita, Michaelstraße 7, 05251/2840715

33154 Salzkotten, Eine Welt Laden, Lange Straße 38, 05258/974890

33378 Rheda-Wiedenbrück, Weltladen Rheda, Schulte-Möntingstraße 6, 05242/408486

33428 Harsewinkel, Weltladen, Clarholzer Str. 25, 05247/2130

33602 Bielefeld, Karibuni Weltladen, Breite Straße 33, 0521/78598580

33689 Bielefeld, Eine Welt Laden Sennestadt, Reichowplatz 19, 0162/3146918

34369 Hofgeismar, Weltladen Tintaya, Marktstraße 10, 05671/925652

34431 Marsberg, Regenbogenladen Eine Welt e. V., Kirchstr. 5, 02992/4747

34497 Korbach, Weltladen Korbach, Oberstraße 2, 05631/9210711

35037 Marburg, Weltladen Marburg, Initiative Solidarische Welt e. V., Markt 7, 06421/66610

35037 Marburg, Weltläden in Hessen e. V., Universitätsstraße 55, 06421/620127

35075 Gladenbach, Weltladen, Marktstraße 11, 06462/915885

35606 Solms, Weltladen Kath. Kirchengemeinde, Lindenstraße 4, 06442/938529

35684 Dillenburg, Eine Welt Laden, Erlenstraße 9, 02771/36390

35745 Herborn, Herborner Weltladen, Schulhofstraße 2, 02772/4765462

36037 Fulda, Weltladen Fulda, Löherstraße 44, 0661/73956

36364 Bad Salzschlirf, AG „Fairer Handel", Kath. Kirche St. Vitus, Louis-Weber-Straße 2, 06650/9185330

37073 Göttingen, Arbeitskreis Solidarische Welt, Weltladencafe, Nicolaistraße 10, 05506/1552

37213 Witzenhausen, Weltladen des Arbeitskreises Eine Welt, Brückenstraße 16, 05542/71505

37327 Beuren, Gerechter Welthandel, Sonnenweg 5

37603 Holzminden, Eine-Welt-Laden, Oberbachstraße 47, 05531/700432

38300 Wolfenbüttel, Weltladen Wolfenbüttel, Krambuden 9, 05331/7107303

38448 Wolfsburg, Eine-Welt-Laden, St. Michael Vorsfelde, Engelhop 1, 05363/2946

38640 Goslar, Eine-Welt-Laden El Puente Goslar, Schilderstraße 13, 05321/29341

38855 Wernigerode, Eine Weltladen am Schloss, Am Schloss 6

39104 Magdeburg, Weltladen Magdeburg, Schellingstraße 3-4

39249 Gnadau, Weltladen Gnadau, Comeniusweg 9

39288 Burg, Weltladen Burg, Grünstraße 13

39576 Stendal, Weltladen Stendal, Marienkirchstraße 2

39590 Tangermünde, Eine Welt Aktionsgruppe, Pfarrhof 6

39619 Arendsee, Weltladen, Dessauer Worth 23

40822 Mettmann, Eine Welt Laden, Mittelstraße 5, 02104/230139

41061 Mönchengladbach, Eine-Welt-Laden Mönchengladbach, Abteiberg 2, 02161/21766

41539 Dormagen, Weltladen Dormagen, Kölner Straße 126, 01515/1736745

41836 Hückelhoven, Eine-Welt-Laden, Haagstraße 9, 02433/85691

42103 Wuppertal, Mundo Fair – Weltladen Wuppertal, Kirchplatz 1, 0202/2831366

42277 Wuppertal, Eine Welt Laden Wuppertag, Westkotter Straße 187, 01578/8391333

42369 Wuppertal, Aktionskreis Eine Welt, Wuppertal-Ronsdorf e. V., Lüttringhauser Straße 1, 0202/467813

42899 Remscheid, Flair Welt-Laden Lüttringhausen, Gertenbachstraße 17, 02191/564016

42929 Wermelskirchen, Ökumenischer AK Eine Welt e. V., Weltladen, Markt 6, 02196/7290080

44287 Dortmund, Welt Laden, Ruinenstraße 37, 0231/4460775

44309 Dortmund, Weltladen Brackel, Brackeler Hellweg 140

44869 Bochum, Eine-Welt-Laden, In der Rohde 6, 02324/943440

45355 Essen, Oekumenischer Weltladen Essen-Borbeck, Klopstockstr. 2, 0201/6164785

45525 Hattingen, Weltladen El Camino, St.-Georg-Straße 4, 02324/591784

46117 Oberhausen, Eine Welt Laden, Bottroper Straße 163, 0208/891369

46483 Wesel, Weltladen esperanza, Goldstraße 1, 0281/31085

46535 Dinslaken, Eine Welt Laden Dinslaken, Duisburger Straße 43, 02064/12840

45657 Recklinghausen, Eine Welt Laden, Steinstr. 1, 02361/486027

45768 Marl, Marler Weltzentrum, Marler Stern 10 F/insel-forum, 02365/502203

46117 Oberhausen, Eine Welt Laden, Bottroper str. 163, 0208/891369

47057 Duisburg, Weltladen, Koloniestraße 92, 0203/358692

47533 Kleve, Eine-Welt-Laden, Hoffmannallee 41, 0176/56763624

48143 Münster, Eine Welt Laden la tienda, Frauenstraße 7, 0251/51694

48145 Münster, Weltladen in 4tel, Warendorfer Straße 41, 0251/13676655

48163 Münster, FAIR Handelsgesellschaft, Weseler Straße 683, 0251/65078

48291 Telgte, Eine-Welt-Laden St. Marien Telgte, Kardinal-von-Galen-Platz 17, 02504/9323116

48308 Senden, Eine-Welt-Laden, Schulstraße 10

49074 Osnabrück, Weltladen Osnabrück, Bierstraße 29, 0541/12098848

49377 Vechta, Eine Welt Laden im BDKJ-Jugendhof, Moorkamp 21, 04441/9179860

49401 Damme, Eine Welt Laden, Weizenkamp 12, 05492/2161

49565 Bramsche, Eine-Welt-Laden, Brückenort 17, 05461/4514

50126 Bergheim, Africa Action Deutschland, Südweststr. 8, 02271/767540

50676 Köln, Weltladen, Mauritiussteinweg 71, 0221/3468289

51373 Leverkusen, Eine Welt Laden Christuskirche, Pfarrer-Schmitz-Straße 9, 0214/47575

51375 Leverkusen, Schlebuscher Eine-Welt-Laden, Bergische Landstraße 36, 0214/503194

51570 Windeck, Eine-Welt-Laden Rosbach, Rathausstraße 58, 02292/5195

51766 Engelskirchen, Weltladen, Leppstraße 48, 02263/928139-0

52064 Aachen, Weltladen, Jakobstraße 9

53111 Bonn, Weltladen Bonn, Maxstraße 36, 0228/697052

53347 Alfter, Fair-Handelszentrum Rheinland GmbH, Am Tonschuppen 4a, 0228/28037092

53424 Remagen, Weltladen Remagen-Sinzig, Marktstraße 25, 02642/3335

53721 Siegburg, Weltladen Siegburg, Zeughausstraße 7, 02241/63400

54290 Trier, Weltladen, Pfützenstraße 1, 0651/9941016
54295 Trier, Weltladen, Pfützenstraße 1
54343 Föhren, Aktion 3% Weltladen, Hauptstraße 15, 0171/4836704
54634 Bitburg, Alasitas, Eine Welt Laden, Hauptstraße 43, 06561/694516
55116 Mainz, Weltladen Unterwegs, Christofsstraße 9, 06131/226943
55116 Mainz, Weltladen-Dachverband e. V., Ludwigsstraße 11, 06131/6890780
55543 Bad Kreuznach, Weltladen Aktion Eine Welt e. V., Mannheimer Straße 90, 0671/41722
56068 Koblenz, Weltladen, Josef-Görres-Platz 13, 0261/36174
55608 Bergen, Terra Nova – Eene Welt Laden e. V., Hauptstraße 27, 06752/912434
56112 Lahnstein, Eine Welt Laden, Frühmesserstraße 16, 0160/91101432
56368 Katzenelnbogen, Weltladen, Untertalstr. 18
56564 Neuwied, Eine-Welt-Laden Neuwied, Marktstraße 62, 02631/27609
56812 Cochem, Eine Welt Basar Cochem, Oberbachstraße 59, 02671/915458
57076 Siegen, Eine-Welt-Laden, Weidenauerstraße 195, 0271/88686
57334 Bad Laasphe, Ökumenischer Weltladen Bad Laashe e. V., Bahnhofstraße 15, 0160/6788081
57627 Hachenburg, Eine Welt Laden Esperanza, Nottorstraße 1 a, 02662/941647
58095 Hagen, AllerWeltHaus, Weltladen, Potthofstraße 22, 02331/183939
58256 Ennepetal, Weltladen Ennepetal, Voerder Straße 48, 02333/70144
58511 Lüdenscheid, Weltladentreff, Marienstraße 2, 02351/4335006
58566 Kierspe, Weltladen, Fritz-Linde-Straße 43, 02359/6561
59302 Oelde, Weltladen Oelde, Lange Straße 36, 02522/61290
59423 Unna, Eine Welt Laden, Friedrich-List-Straße 6 A, 02303/12908
59505 Bad Sassendorf, Eine-Welt-Laden, Wasserstraße 9, 02921/3451700
59581 Warstein, Eine Welt Laden, Wilkestraße 11, 02902/71438
60313 Frankfurt, Aktion Weltmarkt, Alte Gasse 6, 069/285070
60322 Frankfurt, Aktion Weltmarkt, Wolfsgangstraße 109, 0176/26027284
61169 Friedberg, Ulenspiegel, Wolfengasse 4,
61273 Wehrheim, Weltladen Ev. Kirchengemeinde, Oranienstraße 8a, 06081/952820
63225 Langen, Weltladen Langen, Bahnstraße 102, 06103/8021238
63571 Gelnhausen, Weltladen Hailer, Heylstr. 10, 06051/67407
63571 Gelnhausen, Weltladen Gelnhausen, Langgasse 27, 06051/15177
63791 Karlstein, Eine-Welt-Verein Karlstein, Schulstraße 21, 06188/991567
63834 Sulzbach, Weltladen, Jahnstraße 3, 06028/407324
63853 Mömlingen, Eine Welt Laden der KJG Mömlingen, Bachstraße 32, 0177/8614393
63877 Sailauf, Graswurzel, Schüsselstraße 3, 06024/5742
63897 Miltenberg, Weltladen, Ziegelgasse 6, 09371/4583
63906 Erlenbach, Eine Welt Laden, Bahnstraße 9a, 09372/6807

64283 Darmstadt, Weltladen Solidarisch handeln e. V., Elisabethenstraße 51, 06151/21911

64521 Groß-Gerau, Weltladen Alte Schule, Gernsheimer Landstraße 1, 06158/1445

64625 Bensheim, Weltladen St. Georg, Am Wambolterhof 7, 06251/66730

64646 Heppenheim, Weltladen Faire Welt e. V., Marktstr. 17, 06252/305926

64702 Michelstadt, Welt-Laden Asafam, Stadtring 136, 06061/3376

64807 Dieburg, Weltladen Dieburg, Steinstraße 5, 06071/7485999

64832 Babenhausen, Weltladen, Schloßgasse 2, 06073/712086

65185 Wiesbaden, Eine Welt Laden, Oranienstraße 52, 0611/373729

65366 Geisenheim, Weltladen, Bischof-Blum-Platz 2, 01577/5360904

65183 Wiesbaden, Eine Welt Laden, Oranienstraße 52, 0611/373729

65366 Geisenheim, Weltladen, Bischof-Blum-Platz 2, 01577/5360904

65549 Limburg, Weltladen Limburg, Brückengasse 3, 06431/2621610

66111 Saarbrücken, Weltladen Kreuz des Südens, Evangelisch-Kirch-Straße 8, 0681/32282

66606 St. Wedel, Eine Welt Laden St. Wedel e. V., Beethovenstraße 1, 06851/3521

66386 St. Ingbert, Saarländisch-Philippinischer Freundeskreis e. V., Saarstraße 11, 0171/9531665

66679 Losheim, Aktion 3. Welt Saar, Weishircher Str. 24, 06872/993056

66976 Rodalben, Eine-Welt-Laden Hauptstr. 126, 06331/140372

67063 Ludwigshafen, Weltladen Friesenheim, Spatenstraße 1, 0621/5294697

67227 Frankenthal, Partnerschaft 3. Welt e. V., Sterngasse 14, 06233/299522

67269 Grünstadt, Weltladen, Hauptstraße 76, 06359/960270

67304 Eisenberg, Welt Laden, Verein Partnerschaft Eine Welt, Philipp-Mayer-Straße 4, 06351/43671

67433 Neustadt, Weinstr. 17, 06321/354581

67657 Kaiserslautern, Weltladen Kaiserslautern, Steinstraße 23, 0631/66353

68161 Mannheim, Weltladen S 2,3, 0621/26064

68185 Wiesbaden, Eine Welt Laden, Oranienstraße 52, 0611/373729

68766 Hockenheim, Haydnstr. 5, 0176/70458063

68794 Oberhausen-Rheinhausen, Eine Welt Laden, Ringstraße 33, 07254/5480

69117 Heidelberg, Weltladen Heidelberg, Heugasse 2, 06221/22771

69126 Heidelberg, effata Weltladen, Turnerstr. 36, 06221/7781383

69198 Schriesheim, Weltladen, Kirchstraße 4, 06203/8639312

69198 Schriesheim, Weltladen, Pfarrer-Eberhard-Platz 2, 06203/61293

69469 Weinheim, Weltladen Oase, Weinheimer Straße 13, 06201/58615

70173 Stuttgart, Weltladen an der Planie, Charlottenplatz 17, 0711/76103231

70188 Stuttgart, Eine Welt Fair Ost e. V., Ostendstraße 57, 0711/46906085

70372 Stuttgart, Weltladen Bad Cannstatt, Sulzgasse 4, 0711/23100505

70563 Stuttgart, Weltladen, Vaihinger Markt 11, 0711/731495

70732 Stuttgart, Weltladen Bad Cannstatt, Sulzgasse 4, 0711/23100505

70794 Filderstadt, Eine Welt Laden, Rosenstraße 36, 0711/706363

70806 Kornwestheim, Weltladen Karibu! Kornwestheim, Johannesstraße 31

71069 Sindelfingen, Weltladen Meichingen, Laurentiusstraße 28. 07031/735350

71083 Herrenberg, Faire Welt e.V., Bronngasse 2, 07032/6857

71364 Winnenden, Eine Welt Verein Winnenden und Umgebung, Schloßstraße 9, 07195/63639

71394 Kernen-Rommelshausen, Weltladen Evangelisches Gemeindehaus, In den Kirchengärten 1, 07151/45910

71634 Ludwigsburg, Weltladen Ludwigsburg, Stadtkirchenplatz 1, 07144/923591

71672 Marbach, s`Lädele, Martin-Luther-haus, Steinerstraße 4, 07144/14520

71701 Schwieberdingen, Weltladen Schwieberdingen Hülbe, Stettiner Straße 7, 07150/918155

72336 Balingen, Weltladen Balingen Freundeskreis Dritte Welt, Neue Straße 39, 07433/15461

72351 Geislingen, Weltladen Balingen, Im Engele 14, 07433/15461

72469 Messstetten, Weltladen, Ebinger Str. 26, 07431/6932

72474 Winterlingen, Weltladen, Bitzer Straß 28, 07434/316031

72525 Münsingen, Weltladen Münsingen, Marktplatz 5, 07381/932972

72555 Metzingen, Weltladen, Hindenburgstraße 8, 07123/41255

72764 Reutlingen, Weltladen, Rathausstraße 10, 07121/339200

73033 Göppingen, Weltladen Göppingen, Freihofstraße 37, 07161/73686

73312 Geislingen, Weltladen Geislingen, Schubartstr. 9, 07331/986453

73614 Schorndorf, El Mundo – Weltladen Schorndorf, Gottlieb-Daimler-Straße 18, 07181/258150

74072 Heilbronn, Weltladen Heilbronn, Kirchbrunnenstraße 32

74189 Weinsberg, Weltladen Weinsberg, Seufferheldstr. 23, 07134/23011

74193 Schwaigern, Weltladen, Marktstr. 6, 07138/810048

74199 Untergruppenbach, Eine Welt Laden, Heilbronner Str. 1, 07131/70871

74348 Lauffen, Eine Welt Laden, Körnerstraße 2/1, 07133/200109

76456 Kuppenheim, Eine-Welt-Laden Sankt Sebastian, Rheinstr. 2, 07222/408680

74523 Schwäbisch Hall, 3. Welt-Laden e.V., Gelbinger Gasse 44, 0171/1400340

74613 Öhringen, Weltladen, Poststraße 66

74653 Künzelsau, Weltladen, Kirchplatz 12, 07940/935312

75173 Pforzheim, Weltladen Pforzheim, Turnstraße 11/Ecke Weiherstraße, 07231/105673

75378 Bad Liebenzell, Weltladen Bad Liebenzell, Dr. Mertz-Promenade 6, 07052/935855

76133 Karlsruhe, Weltladen, Kronenstr. 21, 0721/32050

76437 Rastatt, Weltladen Rastatt, Schloßstraße 4, 07222/5951845

76456 Kuppenheim, Weltladen St. Sebastian, Rheinstraße 2, 01514/2085820

76646 Bruchsal, Weltladen Bruchsal, Kübelmarkt 6, 07251/3926960

77652 Offenburg, Weltladen Regentropfen e. V., Lange Straße 19, 0781/77124

76829 Landau, Weltladen Landau, Kugelgartenstr. 18 a, 06341/4770

77652 Offenburg, Weltladen Regentropfen e. V., Lange Straße 19, 0781/77224

77704 Oberkirch, Weltladen Strohhalm, Hauptstr. 45, 07802/7068510

77933 Lahr, Weltladen Esperanza, Marktplatz 12, 07821/5036625

77955 Ettenheim, Eine Welt Laden, Freidrich-Straße 36

78054 Villingen-Schwenningen, Eine Welt Laden, Jakob-Kienzle-Straße 11, 07720/21213

78073 Bad Dürrheim, Karibuni Eine-Welt-Laden e. V., Wandelhalle im Kurpark, Huberstraße 8/1

78054 Villingen-Schwenningen, Eine Welt Laden, Jakob-Kienzle-Straße 11, 07720/21213

78112 St. Georgen, Initiative Eine Welt e. V., Mühlwiesenstraße 31, 07724/1820

78462 Konstanz, "Welt-Laden", Rheingasse 13

78465 Konstanz, Weltladen Dettingen, Dingelsdorfer Str. 2, 07533/949755

78628 Rottweil, Weltladen, Oberamteigasse 1

79104 Freiburg, Weltladen Herdern, Urbanstr. 15, 0761/31399

79117 Freiburg, Weltladen Littenweiler Salzladen e. V., Sonnenbergstraße 1, 0761/48982545

79336 Herbolzheim, Weltladen im Bücherwurm, Hauptstr. 69, 07643/936490

79618 Rheinfelden, Vamos Caminando Weltladen, Karl-Fürstenberg-Str. 13, 07623/62661

79730 Murg, Weltlädeli, Murgtalstraße 2a, 07763/1515

79843 Löffingen, Weltladen Löffingen, Kirchstraße 10, 07654/806945

80995 München, Weltladen Feldmoching, Josef-Frankl-Straße 58, 089/3146272

81214 Pasing, FAIR Weltladen, Pasinger Bahnhofsplatz 4, 089/51771888

82104 Olching, FAIR Weltladen, Hauptstr. 11, 08142/5809320

82131 Gauting, Eine Welt Laden, Münchner Straße 7, 089/8507959

82211 Herrsching, Weltladen der Indienhilfe, Luitpoldstr. 20, 08152/1231

82256 Fürstenfeldbruck, FAIR Weltladen, Fürstenfelder Str. 12, 08141/8907991

82362 Weilheim, Eine Welt Laden Weilheim, Admiral-Hipper-Str. 10, 0881/63270

82467 Garmisch-Partenkirchen, FAIR Weltladen, Ludwigstr. 59, 08821/7520414

83209 Prien, FAIR Weltladen, Geigelsteinstr. 13 b, 08051/64723

83308 Trostberg, Trostberger Weltladen im Bildungsforum Süd-Ost, Hauptstraße 60, 08621/2372

83395 Freilassing, Weltladen Freilassing, Gewerbegasse 2, 08654/778922

83451 Piding, „Fair Miteinander Piding und Eine-Welt-Laden", Thomastraße 9

82487 Oberammergau, FAIR Weltladen, Dorstr. 33, 08822/9236855

83512 Wasserburg, Wasserburger Weltladen, Weberzipfel 1, 08071/95269
83620 Feldkirchen-Westerham, EineWelt-Laden Feldkirchen, Münchnerstraße 1, 0176/43662764
83646 Bad Tölz, Weltladen Bad Tölz, Säggasse 6
84028 Landshut, Weltladen Grasgasse 318, 0871/89146
84137 Vilsbiburg, FAIR – Eine Welt Laden, Kirchstraße 2, 08741/929606
84405 Dorfen, FAIR Weltladen, Rathausplatz 7, 08081/9561221
84453 Mühldorf, FAIR Weltladen, Stadtplatz 59, 08631/1661091
84405 Dorfen, FAIR Weltladen, Bahnhofstr. 4, 09931/906630
85049 Ingolstadt, Weltladen, Schrannenstraße 32, 0841/34763
85221 Dachau, FAIR Weltladen, Ausgburger Str. 9, 08131/6693700
85354 Freising, Weltladen, Ziegelgasse 14, 08161/5193492
85551 Kirchheim, Eine-Welt-Laden Kirchheim, Pfarrer-Caspar-Mayr-Platz 2
85551 Kirchheim, Eine-Welt-Laden Heimstetten, Maria-Glasl-Str. 16
86150 Augsburg, Weltladen, Hinterer Lech 4, 0821/312319
86633 Neuburg, Weltladen, Schrannenplatz 151, 08431/901256
86807 Buchloe, Weltladen, Bahnhofstraße 24, 08241/6203
86825 Bad Wörishofen, Weltladen, Bürgermeister-Stöckle-Str. 10, 08247/9924282
86830 Schwabmünchen, Weltladen Schwabmünchen, Luitpoldstraße 1a, 08232/903399
86842 Türkheim, Eine Welt Laden, Augsburger Straße 2, 08245/904788
86949 Windach, Eine Welt Laden, Münchener Straße 2, 01575/5701491
86956 Schongau, Weltladen, Lechtor straße 11, 08861/2595617
87435 Kempten, Weltladen, Promenadestraße 1, 0831/12626
87527 Sonthofen, Weltladen, Schloßstraße 4, 08321/6076886
87629 Füssen, Weltladen, Brotmarkt 8, 08362/940482
87719 Mindelheim, Eine-Welt-Kreis, Maximilianstr. 33, 08261/20308
88212 Ravensburg, Weltladen Ravensburg, Gespinstmarkt 28, 0751/33132
88299 Ausnang im Allgäu, Ali Baba Tajine, Am Weidenbach 30, 07561770388
88400 Biberach, Weltladen Biberach, Schadenhofstraße 11,
88630 Pfullendorf, Weltladen, Am alten Spital 10, 07552/7156
88662 Überlingen, Weltladen, Steinhausgasse 10, 07551/64510
89264 Weißenhorn, Weltladen Weißenhorn, Hauptstraße 18, 07309/929198
89312 Günzburg, FAIR Weltladen, Kapuzinergasse 1, 08221/9301244
89522 Heidenheim, Weltladen, Friedrich-Degeler-Platz 6, 07321/23733
90402 Nürnberg, Fenster zur Welt, Kath. Stadtkirche Nürnberg, Vordere Sterngasse 1, 0911/24449-411
90402 Nürnberg, LOLA Lorenzer Laden, Eine Welt Laden, Lorenzer Platz 10, 0911/49074835
90518 Altdorf, Die Kokosnuss, Weltladen, Obere Brauhausstr. 4, 09187/410770

90547 Stein, EineWeltLaden St. Jakobus, Locher Straße 2, 0911/674803

90574 Roßtal, Welt-Laden Roßtal, Schulstraße 1, 0160/91086972

90579 Langenzenn, Weltladen Langenzenn, Rosenstraße 5, 09101/905009

90617 Puschendorf, Solentiname Eine-Welt-Gruppe e. V., Dorfstraße 7, 09101/1628

90762 Fürth, Eine Welt Laden Fürth, Gustavstraße 31, 0911/9772873

91054 Erlangen, Weltladen, Neustädter Kirchenplatz 7, 09131/23266

91161 Hilpoltstein, Weltladen Senfkorn, Christoph-Sturm-Straße 14

91207 Lauf, Eine-Welt-Laden, Spitalstr. 10, 09123/1553930

91301 Forchheim, Weltladen Forchheim, Wiesentstraße 3, 09191/340777

91413 Neustadt, Weltladen e. V., Plärrer 2, 09161/60944

91550 Dinkelsbühl, Eine Welt Laden, Bauhofstraße 13, 09835/278

92637 Weiden, Weltladen Weiden, Türlgasse 16, 0961/36424

93047 Regensburg, Weltladen una terra, Obere Bachgasse 23, 0941/560142

93158 Teublitz, Eine Welt Laden Teublitz, Schützenstraße 2, 09471/602259

94227 Zwiesel, FAIR Weltladen, Angerstraße 17, 09922/5039144

94234 Viechtach, Weltladen, Mönchhofstraße 3, 01511/2296885

94315 Straubing, Welt Laden Straubing, Lundwigsplatz 48, 09421/2809

94473 Vilshofen, FAIR Weltladen, Kirchplatz 20, 08541/9690274

95326 Kulmbach, FAIR Weltladen, Langgasse 17, 09221/83973

95444 Bayreuth, Weltladen „Die Brücke“, Ludwigstraße 5, 0921/47162

95615 Marktredwitz, Weltladen Marktredwitz, Egerstraße 5, 09231/63661

95632 Wunsiedel, Eine-Welt-Laden, Kemnather Str. 5, 01515/4259907

95659 Arzberg, Aktion „Schenken und helfen“, Seußener Straße 4, 09233/713181

96450 Coburg, Eine-Welt-Treff e.V., Steingasse 9, 09561/92974

97070 Würzburg, Weltladen, Plattnerstraße 14, 0931/17308

97199 Ochsenfurt, Weltladen, Brückenstraße 1

97234 Reichenberg, Karibuni – Eine Welt Lädchen, Bahnhofstraße 5a, 0931/67717

97265 Hettstadt, Eine-Welt-Laden bosembo, „Milchhäusle“, Würzburger Straße 43, 0931/463816

97318 Kitzingen, Welt Laden, Obere Kirchgasse 14, 09321/8808

97437 Haßfurt, Welt-Laden, Lucengasse 4, 09521/1228

97483 Eltmann, Kolpingsfamilie Eltmann, Weltladen, Marktplatz 9, 09522/7304

97737 Gemünden, Weltladen Espreanza, Obertorstraße 32, 01512/8166793

97753 Karlstadt, Weltladen Karlstadt, Alte Bahnhofstr. 13, 09353/909551

97828 Marktheidenfeld, Weltladen marktheidenfeld, Bronnbacher Straße 14, 01520/4731406

97980 Bad Mergentheim, Weltladen, Zaisenmühlstraße 3, 01512/1831213

97990 Weikersheim, Weltladen Weikersheim, Wilhelmstraße 4, 01515/0931788

98527 Suhl, Gerechter Welthandel, Gothaerstraße 4/Burggrafpassage
98574 Schmalkalden, Historicum, Gillersgasse 1
99423 Weimar, Aktionsgemeinschaft „Faire Welt" e.V., Windischenstraße 24, 03643/501576
99610 Sömmerda, Weltladen Locodemu, Markt 23
99625 Kölleda, Weltladen Kölleda, Rossplatz 44
99706 Weimar, Weltladen, Burgstraße 6
99734 Nordhausen, Weltladen und Café, Barfüßer Straße 32
97737 Gemünden, Weltladen Esperanza, Scherenbergstraße 6, 01512/8166793
99817 Eisenach, Markt der Völker, Eine-Welt-Laden, Markt 23, 03691/743218
99817 Eisenach, faire Welt Eisenach, Markt 23, 03691/743218
99867 Gotha, Weltoffen und Fair, Jüdenstraße 40

Belgien

4780 St. Vieth, Weltladen, Hauptstr. 62, 080/227174

Italien

39011 Lana, Bottega del Mondo, Am Gries 27, (0039)473/564672
39012 Meran, Bottega del Mondo, Verdistr. 2, (0039)473/211501
39100 Bolzano, Bottega del Mondo, Südtiroler Str. 6, (0039)471/971469
39100 Bolzano, Bottega Le Formiche, Via Roma 61, (0039)471/502821

Luxemburg

4123 Esch/Alzette, Drett Welt Buttek, 34, rue du Fossé, 00352/556154

Österreich

1010 Wien, Weltladen, Lichtensteg 1, 01/5352886
1030 Wien, Weltladen, Rennweg 85, 01/7181414
1040 Wien, Weltladen, Wiedner Hauptstr. 7-9, 01/5054910
1050 Wien, Weltladen, Kettenbrückengasse 7, 01/8903681
1070 Wien, Südwind-Buchwelt-Weltladen, Mariahilfer Str. 8, 01/5223886
1080 Wien, Weltladen, Lerchenfelderstr. 18-24, 01/4083996
1090 Wien, Südwind „Weltladen", Schwarzspanierstr. 15, 01/79883490
1210 Wien, Weltladen, Stammersdorferstr. 116-120, 01/2948149
1230 Wien, Weltladen, Levasseurgasse 19
2000 Stockerau, Weltladen, Hauptstr. 38-41, 02266/67787
2020 Hollabrunn, Weltladen, Sparkassegasse 21, 02952/20911
2070 Retz, Weltladen Retz, Hauptplatz 19, 02942/28100
2070 Wiener Neustadt, Weltladen, Neunkirchnerstr. 10
2130 Mistelbach, Weltladen, Marktgasse 1-3, 02572/32500
2170 Poysdorf, Weltladen, Josefplatz 12, 02552/20649

2230 Gänserndorf, Weltladen, Hauptstr. 39, 02282/60868

2320 Schwechat, Weltladen, Himberger Str. 3, 01-7062037

2340 Mödling, Weltladen, Hauptstr. 7, 02236/205609

2380 Perchtoldsdorf, Weltladen, Hochstr. 21, 01/8693304

2483 Ebreichsdorf, Weltladen, Hauptplatz 10, 0699/12486127

2500 Baden, Weltladen, Hauptplatz 9-12, 02252/45236

2640 Gloggnitz, Weltladen, Hauptstr. 21a, 02662/42327

2700 Wr. Neustadt, Weltladen, Neunkirchnerstr. 10, 02622/85780

2821 Lanzenkirchen, Weltladen, Hauptplatz 1, 0676/6954521

2860 Kirchschlag, Weltladen, Hauptplatz 13, 02646/20259

3270 Scheibbs, Weltladen, Hauptstr. 27, 07482/45543

3300 Amstetten, Weltladen, Hauptplatz 43, 07472/61679

3335 Weyer, Weltladen, Marktplatz 4, 07355/20583

3340 Waidhofen/Ybbs., Weltladen, Eberhardplatz 6, 07442/54428

3430 Tulln, Weltladen, Bahnhofstr. 19, 02272/62885

3500 Krems an der Donau, Weltladen Krems, Margaretenstr. 7, 02732/72970

3580 Horn, Weltladen, Pragerstr. 6, 02982/20770

4020 Linz, Weltladen, Pfarrplatz 8, 0732/653231

4070 Eferding, Eine Welt Laden, Schlossergasse 2-4,

4240 Freistadt, Weltladen, Pfarrplatz 2, 0650/3241959

4400 Steyr, Weltladen, Stadtplatz 13, 07252/53077

4563 Micheldorf, Weltladen, Gradnstr. 1 1, 07582/51700

4600 Wels, Sandino Weltladen, Kaiser-Josef-Platz 45

4651 Stadt-Paura, Weltladen, Nuvagasse 3, 07245/28945

4655 Vorchdorf, Weltladen, Schloßplatz 2, 07614/5322

4701 Bad Schallerbach, Weltladen, Linzer Str. 10, 07249/43049

4810 Gmunden, Eine Welt Laden, Marktplatz 20, 07612/73864

4820 Bad Ischl, Ischler Weltladen, Kaiser-Franz-Josef-Str. 1

4840 Vöcklabruck, Weltladen, Bahnhofstr. 3, 07672/20559

4910 Ried im Innkreis, Weltladen pro mente, Bahnhofstr. 9, 07752/80623

5020 Salzburg, Weltladen, Ed. Macheinerstr. 2, 0662/833624

5020 Salzburg, EZA Weltladen Salzburg, Linzer Gasse 64, 0662/877474

5101 Bergheim, EZA Dritte Welt GesmbH, Plainbachstr. 8, 0662/45217830

5203 Köstendorf, EZA Fairer Handel, Wenger Str. 5, 06216/202000

5280 Braunau, Weltladen, Krankenhausgasse 2, 07722/66224

5440 Golling, Weltladen, Am Markt 42, 06462/8043

5500 Bischofshofen, Weltladen, Fr.-Mohshammer-Platz 4, 06244/8043

5600 St. Johann-Pg., Weltladen, Leo Neumayerstr. 6, 06412/8380

5760 Sallfelden, Weltladen, Lofererstr. 36, 06582/76622

6020 Innsbruck, Weltladen, Universitätsstr. 3, 0512/574993

6020 Innsbruck, ARGE Weltläden, Leopoldstr. 35, 0512/551150

6060 Hall, Weltladen, Pfarrplatz 1, 05223/52971

6130 Schwaz, Weltladen, Innsbruckerstr. 14, 05242/73210

6300 Wörgl, Weltladen, Brixentalerstr. 5, 05332/77229

6330 Kufstein, Weltladen, Hans Reisch-Str. 8, 05372/63943

6380 St. Johann/T., Weltladen, Kaiserstr. 5, 05352/61890

6460 Imst, Weltladen, Schustergasse 21 -23, 05412/62128

6600 Reutte, Weltladen, Obermarkt 3, 05672/65094

6700 Bludenz, Weltladen, Kirchgasse 2, 05552/69613

6780 Schruns, Weltladen, Bahnhofstr. 7, 05556/64908

6800 Feldkirch, ARGE Weltläden, Am Breiten Wasen 1, 05522/78079

6800 Feldkirch, Weltladen, Schlossergasse 7, 05522/84674

6820 Frastanz, Weltladen, Kirchplatz 4, 05522/5176937

6830 Rankweil, Weltladen Rankweil, Ringstr. 42, 05522/41933

6841 Mäder, Weltladen, Schlößleweg, 05523/6479217

6850 Dornbirn, Weltladen, Schulgasse 36, 05572/34251

6863 Egg, Weltladen, Gerbe 23, 05512/6088

6820 Frastranz, Welt Laden, Hauptmann-Frick-Straße 2 B, 05522/24466

6890 Lustenau, Weltladen, Jahnstr. 5, 05577/88751

6900 Breganz, Weltladen, Heldendankstr. 37a, 05574/82602

6911 Lochau, Weltladen, Landstr. 17, 05574/48070

6922 Wolfurt, Weltladen, Kellhofstr. 3, 05574/64908

6952 Hittisau, Weltladen, Platz Nr. 194, 05513/42583

6971 Hard, Weltladen Hard, Landstr. 7, 05574/62808

7000 Eisenstadt, Weltladen, Domplatz 13, 02682/63763

7423 Pinkafeld, Weltladen, Hauptstr. 11, 03357/43250

8010 Graz, Eine Welt Laden, Gleisdorfergasse 10, 0316/816020

8010 Graz, Weltladen, Reitschulgasse 14, 0316/848315

8020 Graz, Weltladen im Citypark, Lazarettgürtel 55, 0316/723387

8160 Weiz, Weltladen, Dr. Karl Renner Gasse 4a, 03172/2650

8200 Gleisdorf, Weltladen, Franz Blodergasse 3, 03112/51826

8230 Hartberg, Weltladen, Herrengasse 12, 03332/61477

8280 Fürstenfeld, Weltladen, Hauptplatz 7, 03382/54248

8330 Feldbach, Weltladen, Ungarstr. 8, 0699/28877640

8380 Jennersdorf, Welt-Laden, Hauptplatz 2, 03329/45664

8430 Leibnitz, Eine Welt Laden, 03452/75519

8570 Voitsberg, Weltladen, Hauptplatz 51, 03142/26182

8630 Mariazell, Eine Welt Laden, Hauptplatz10, 03882/44299

8700 Leoben, Eine Welt Handel, Turmgasse 52, 03842/83468

8720 Knittelfeld, Eine Welt Laden, Burggasse 1

8750 Judenburg, Eine Welt Laden, Burggasse1

8940 Liezen, Weltladen, Hauptplatz 5, 03612/24486

8990 Bad Aussee, Eine Welt Laden, Ischlerstr. 86, 03622/52971

9000 St. Gallen, claro Weltladen, Rappensteinstr. 9, 071/2445643

9020 Klagenfurt, Welt-Laden, 8.-Mai-Str. 4, 0463/513884

9300 St. Veit an der Glan, Weltladen, Dr. Karl-Domenig-Str. 2, 0212/71508

9400 Wolfsberg, Eine Welt Laden, Am Roßmarkt 4, 04352/54992

9500 Villach, Weltladen, Drauparkstr. 2, 04242/218668

9800 Spittal/Drau, Weltladen, Litzelhofenstr. 3, 04762/46584

Schweiz

2502 Biel, claro Weltladen, Kanalgasse 9, 032/3227066

2540 Grenchen, claro Weltladen, Breitengasse 2, 032/6520318

2575 Täuffelen, claro Weltladen, Hauptstr. 100

2720 Tramelan, Magasins du Monde, Grand-Rue 126, 032/871263

3011 Bern, claro Weltladen, Rathausgasse 52, 031/3116232

3012 Bern, claro Weltladen Paulus, Freiestr. 20

3027 Bern, claro im Mondial, Eymattstr. 26, 031/9961859

3053 Münchenbuchsee, claro Weltladen, Oberdorfstr. 35, 031/8694818

3063 Ittigen, Weltladen Ittigen, RBS-Station/Kiosk

3072 Ostermundingen, claro Weltladen, Untere Zollgasse 1, 076/5351726

3095 Spiegel, claro Weltladen, Bellevuestr. 56

3098 Köniz, claro Weltladen, Schulhausgässli 9, 031/9726263

3110 Münsingen, claro Weltladen, Hintergasse 3, 031/7213802

3123 Belp, claro Weltladen, Schützenweg 4, 079/2250745

3132 Riggisberg, claro Weltladen, Vordere Gasse 11

3150 Schwarzenburg, claro Weltladen, Dorfplatz 16, 031/7313060

3175 Flamatt, claro Weltladen, Bernstr. 5, 031/7414028

3177 Laupen, claro Weltladen, Kreuzplatz 2, 079/3814463

3210 Kerzers, claro Weltladen, Murtenstr. 11, 031/7558801

3250 Lyss, claro Mitenand-Fürenand-Laden, Hauptstr. 35, 032/3843565

3280 Murten, claro Weltladen, Hauptgasse 16, 026/6704847

3294 Büren a.d. Aare, claro Weltladen, Hauptgasse 57

3315 Bätterkinden, claro Weltladen, Schmiedegasse 12, 032/6651772

3400 Burgdorf, claro Weltladen, Metzgergasse 10, 034/4225455

3415 Rüegsauschachen, claro Weltladen, Kirchgemeindehaus, 034/4614151

3506 Grosshöchstetten, claro Weltladen,
Bahnhofstr. 9, 031/7115511

3600 Thun, claro Weltladen, Obere Hauptgasse 59, 033/2222204

3700 Spiez, claro Weltladen, Oberlandstr. 27, 033/6547820

3714 Frutigen, claro Weltladen, Kanderstegstr. 38, 033/6714333

3715 Adelboden, claro Weltladen, Dorfstr. 41 B, 033/6734084

3770 Zweisimmen, claro Weltladen, Saanenstr., 033/7220524

3800 Interlaken, claro Weltladen, Marktgasse 46, 033/8227978

3855 Brienz, claro Weltladen, Oberdorfstr. 2, 033/9511983

3860 Meiringen, claro Weltladen, Alpbachstr. 6, 033/9712008

3900 Brig, claro Weltladen, Alte Simplonstr. 8

3930 Visp, claro Weltladen, Martinistr. 8

4001 Basel, sahara FAIRTRADE claro, Im Schmiedehof 10, 061/2622045

4051 Basel, claro Weltladen b18, Burgunderstr. 18, 061/2738463

4052 Basel, claro Weltladen Breite, Schauenburgerstr. 3, 061/3123070

4104 Oberwill, Dritte Welt Laden, Hauptstr. 47, 061/4011045

4125 Riehen, claro Weltladen, Rössligasse 12, 061/6413001

4132 Muttenz, claro Weltladen, Hauptstr. 65, 061/4619510

4133 Pratteln, claro Mitenand Lade, Schloss-Str. 13, 061/8218808

4144 Arlesheim, claro Weltladen, Ermitagestr. 1, 061/7020551

4153 Reinach, claro Weltladen, Strittgässli 2, 061/7120408

4310 Rheinfelden, claro Weltladen, Geissgasse 2, 061/8313434

4416 Bubendorf, claro s'Lädeli, Bündtenstr. 1

4438 Langenbruck, claro Lädeli, Am Postplatz

4450 Sissach, claro Weltladen, Hauptstr. 74, 061/9716945

4460 Gelterkinden, claro Weltladen, Schulgasse 3, 061/9814346

4502 Solothurn Soleure, claro Weltladen, Kreuzgasse 4, 078/6154332

4614 Hägendorf, claro Weltladen zur Schmitte, Bachstr. 50, 062/2160403

4624 Härkingen, claro Ein-Welt-Laden, Hauptgasse 28

4663 Aarburg, claro Weltladen, Städtchen 13, 062/7911271

4710 Balsthal, claro Weltladen, Goldgasse 1, 062/3912135

4780 St. Vith, Weltladen, Hauptstr. 62

4901 Langenthal, claro Weltladen, Marktgasse 1, 062/9224133

4950 Huttwil, claro Weltladen, Marktgasse 3

5000 Aarau, claro Weltladen, Stadthöfli 3, 062/8249160

5130 Möriken, claro Weltladen, Dorfstr. 3, 062/8932826

5330 Zurzach, claro Weltladen, Schwertgasse 14, 056/2490414

5406 Rütihof, claro Weltlädeli Spinnennetz Pfarreiheim, Kirchgasse 14, 077/4350581

5417 Untersiggenthal, claro Weltladen, Breitensteinstr. 45, 079/3019212

5610 Wohlen, claro Weltladen, Chilegässli 3, 056/6219127

5621 Zufikon, claro Weltladen, Bachstr. 20

5707 Sengen, claro Weltladen, Poststr. 14

6072 Sachseln, claro Wält-Ladä, Edisriederstr. 1, 041/6608640

6215 Beromünster, Mitenand-Laden, Bahnhofstr. 3, 041/9304200

6280 Hochdorf, claro Weltladen, Kleinwangenstr. 2, 041/9100188

6285 Hitzkirch, Karibu claro-Weltladen, Bahnhofstr. 4, 041/9174224

6314 Unterägeri, claro Weltladen Ägerital, Höfnerstr. 14, 041/7501772

6330 Cham, claro Weltladen, Knonauerstr. 9, 041/7812644

6340 Baar, claro Weltladen, Leihgasse 1a beim Rathaus, 041/7617457

6403 Küssnacht, claro Weltladen, Küferweg 4

6431 Schwyz, claro Weltladen Klostermühle, Mühlegasse 10, 041/8100820

6570 Weinfelden, biosfair claro WWF, Bahnhofstr. 4, 071/6227555

7205 Zizers, claro Weltladen, Kantonsstr. 34, 081/3229942

7220 Schiers, claro Weltladen, Unterdorf

7270 Davos-Platz, claro Mitenand-Lade, Promenade 28, 081/4131282

7302 Landquart, claro Weltladen, Bahnhofstr. 25, 081/3222279

7430 Thusis, claro Weltladen, Alte Str. 186, 081/6514664

7554 Sent, Sgabuz butietta Weltladen, Plaz, 081/8649204

7742 Poschiavo, claro Bottega del Mondo, Via da Mez 31, 081/8440445

8006 Zürich, claro Weltladen am Schaffhauserplatz, Weinbergstr. 168, 01/3635654

8038 Zürich, claro Weltladen Wollishofen, Mutschellenstr. 188, 01/4818486

8046 Zürich, claro Weltladen, Althoossteig 2, 01/3721560

8047 Zürich, claro Weltladen Marimba, Letzigraben 156, 01/4910449

8049 Zürich, claro Weltladen Höngg, Limmattalstr. 178, 01/3410301

8053 Zürich, claro Weltladen Witikon, Langmattweg 3, 01/4225365

8105 Regensdorf, Weltladen, Watterstr. 18, 044/8405324

8107 Buchs, claro Weltladen, Oberdorfstr. 4

8132 Egg, Weltladen, Pfannenstielstr. 8, 01/9840680

8152 Glattbrug, claro Weltladen, Wallisellerstr. 22, 01/8102878

8157 Dielsdorf, Monduno, Bahnhofstr. 7, 01/ 8530685

8160 Weiz, Weltladen, Dr. Karl Renner Gasse 4a, 03172/2650

8165 Schöfflisdorf, claro Mitenand Lade,
Dorfwisenstr. 14, 01/8561894

8180 Bülach, claro Mitenand-Lade, (Ladeneingang: Poststr.), 01/8606969

8240 Thayngen, claro Weltladen, Biberstr. 15, 052/6492858

8302 Kloten, claro Weltladen, Kirchgasse 12, 01/8136604

8304 Wallisellen, claro Weltladen, Neugutstr. 5, 01/8313125

8305 Dietlikon, claro Weltladen, Bahnhofstr. 56, 01/8331315

8330 Pfäffikon, claro Mitenand-Lade, Seestr. 39, 01/9501907

8340 Hinwil, claro Weltladen, Zürcherstr. 4, 01/9372910

8352 Räterschen, claro Mitenand-Lade, Elsauerstr. 39

8353 Elgg, claro Mitenand-Laden, Vordergasse 21, 052/3640269

8404 Winterthur, claro Weltladen,

Römerstr. 167, 052/2431500
8424 Embrach, claro Weltladen, Pfarrhausstr. 5, 01/8656965
8472 Seuzach, claro Weltladen, Bachtobelstr. 2, 052/3354057
8500 Frauenfeld, claro Weltladen, Balierestr. 13a, 052/7224839
8590 Romanshorn, claro Weltladen, Alleestr. 44, 071/4611650
8600 Dübendorf, claro Weltladen, Bahnhofstr. 39, 01/8201929
8606 Greifensee, claro Weltladen, Im Städtli, 01/9410033
8610 Uster, claro Weltladen, Poststr. 5, 043/3059904
8620 Wetzikon, claro Weltladen, Usterstr. 29
8625 Gossau, claro Laden, Zentrum Büelgasse, 079/7379333
8634 Hombrechtikon, claro Weltladen, Rütistr. 3, 055/2444531
8640 Rapperswil, claro Weltladen, Halsgasse 39, 055/2107302
8708 Männedorf, claro Weltladen, Hasenackerstr. 2, 01/9206440
8730 Uznach, claro Weltladen, Städtchen 19, 055/2804088
8750 Glarus, claro Welt & WWF-Laden, Hauptstr. 51, 055/6406088
8803 Rüschlikon, claro Weltladen, Dorfstr. 34, 01/7240554
8805 Richterswil, claro Weltladen, Dorfstr. 25, 044/7850301
8808 Pfäffikon, claro Weltladen, Bahnhofstr. 11, 055/4107081
8810 Horgen, claro Weltladen, Löwengasse 40, 01/7251449
8820 Wädenswil, claro Weltladen, Lindenstr. 12, 01/7804088
8832 Wollerau, claro Weltladen, Felsenstr. 2
8840 Einsiedeln, claro Weltladen, Hauptstr. 47, 055/4126167
8953 Dietikon, claro Weltladen, Untere Reppischstr. 12a, 01/7403510
9000 St. Gallen, claro Weltladen, Waisenhausstr. 1, 071/2224373
9000 St. Gallen, claro Weltladen, Engelgasse 5, 071/2224373
9014 St. Gallen, claro Weltladen Bruggen, Zürcherstr. 253 A, 071/2775460
9020 Klagenfurt, Weltladen-Klagenfurt, 8.-Mai-Str. 4
9050 Appenzell, claro Weltladen, Marktgasse 7, 071/7874766
9053 Teufen, claro Weltladen, Hauptstr. 8
9056 Gais, claro Weltladen, Schwantlern 10
9100 Herisau, claro Weltladen, Oberdorfstr. 44
9113 Degersheim, claro Welt- und Bioladen, Hauptstr. 78, 071/3711090
9200 Gossau, claro Fachgeschäft für Fairen Handel, St. Gallerstr. 26, 071/3833080
9230 Flawil, claro-Weltladen, Bahnhofsplatz 4, 071/3931190
9240 Uzwil, claro Weltladen, Bahnhofstr. 94, 071/9526142
9401 Rorschach, claro Weltladen, Hauptstr. 45, 071/8453444
9450 Altstätten, claro Weltladen Pacha-Mama, Breite 2, 071/7556978
9474 Gams, claro Weltladen, Marktplatz
9630 Watwil, claro Bioladen, Volkshausstr. 21, 071/9882677

Deutschland (Gebühren in Euro, Stand Juli 2024)

Größe und Gewicht	Brief Inland	Brief Ausland	Büchersendung	Warensendung
Standardbrief bis 20 g minimal 140 x 90 mm maximal 235 x 125 x 5 mm Länge mind. 1,41 x Breite	0,85	1,10	-	-
Kompaktbrief bis 50 g minimal 100 x 70 mm maximal 235 x 125 x 10 mm Länge mind. 1,41 x Breite	1,00	1,70	-	-
Großbrief bis 500 g minimal 100 x 70 mm maximal 353 x 250 x 20 mm	1,60	3,70	2,25	2,25
Maxibrief bis 1000 g minimal 100 x 70 mm maximal 353 x 250 x 50 mm	2,75	7,00	2,55	2,55
Maxibrief Plus bis 2000 g Format maximal wie Päckchen	4,95	17,00	-	-
Postkarte minimal 140 x 90 mm maximal 235 x 125 mm Länge mind. 1,41 x Breite	0,70	0,95	-	-
Päckchen S bis 1000 g bis 350 x 250 x 100 mm	3,99			
Päckchen M bis 2000 g Länge + Breite + Höhe ≤ 900 mm keine Seite länger als 600 mm	4,79	EU: 11,99 weltweit 19,99	-	-
Zuschläge				
Übergabe-Einschreiben	2,65	3,50		
Einwurf-Einschreiben	2,35	-		

Alle Angaben ohne Gewähr
Weitere Informationen am Schalter oder unter www.deutschepost.de

Österreich (Gebühren in Euro, Stand Juli 2024)

Sendungsart	Inland		Europa	
	Priority	Economy	Priority	Economy
Brief S (bis 235 x 162 x 5 mm, 20 g)	1,20	0,95	1,40	-
Brief M (bis 235 x 162 x 5 mm, 75 g)	1,65	1,30	2,30	1,90
Päckchen S (bis 353 x 250 x 30 mm, 2 kg)	3,30	3,00		
Päckchen M (bis 100 x 60 x 60 cm, bis 4 kg)	4,75	4,50		
Brief L (bis 353 x 250 x 30 mm, 2 kg)			8,20	6,50
Brief XL (bis 100 x 60 x 60 cm, bis 4 kg)			12,90	9,90

	Außereuropäische Länder	
	Priority	Economy
Brief S (bis 235 x 162 x 5 mm, 20 g)	2,10	-
Brief M (bis 235 x 162 x 5 mm, 75 g)	2,90	2,70
Brief L (bis 353 x 250 x 30 mm, 2 kg)	15,00	11,00
Brief XL (L + B + H max. 90 cm, 2 kg, L max 50 cm)	24,20	21,80

Alle Angaben ohne Gewähr
Weitere Informationen
unter www.post.at.

Schweiz (Gebühren in sFr, Stand Juli 2024)

Für den Preis entscheidend ist vor allem die gewünschte Beförderungsgeschwindigkeit: A-Post-Sendungen werden in der Regel am folgenden Werktag zugestellt, auch am Samstag. B-Post ist nach zwei bis drei Tagen beim Empfänger, nicht jedoch am Samstag. Weitere Informationen am Schalter oder unter www.post.ch

Sendungsart			Inland A-Post	Inland B-Post
Brief (bis B5 x **20 mm**)	bis	100 g	1,20	1,00
(bis B5 x **50 mm**)	bis	100 g	3,20	3,00
Midibrief (bis B5 x **20 mm**)	bis	500 g	1,70	1,40
(bis B5 x **50 mm**)	bis	500 g	3,70	3,40
Großbrief (bis B4 x 20 mm)	bis	1000 g	2,50	2,00

Sendungsart			Europa	Übrige Länder
Brief				
maximal	bis	20 g	1,90	2,50
25 x 17,6	bis	50 g	3,10	4,20
	bis	100 g	4,30	6,00
Großbrief				
	bis	250 g	7,50	9,50
maximal	bis	500 g	12,00	16,00
35,3 x 25	bis	1000 g	19,00	28,00
x 2 cm	bis	2000 g	26,00	35,00

Alle Angaben ohne Gewähr

Adresse	Telefon

CD

Adresse	Telefon

EF

Adresse	Telefon

GH

Adresse	Telefon

Adresse	Telefon

KL

Adresse	Telefon

MN

Adresse	Telefon

OP

Adresse Telefon

QR

Adresse Telefon

S

Adresse	Telefon

TU

Adresse	Telefon

VW

Adresse	Telefon

XYZ

Adresse Telefon

Notizen

Notizen

Notizen